はじめに

本書は、会話で困ったときのバイブルです。


世の中には、難しい話をいとも簡単に説明できる人がいます。

誰に対しても自信を持って意見を言える人がいます。

どんな人ともすぐに仲良くなれる人がいます。

これらはすべて、会話がなせる業です。


一方、その会話で悩んでいる人もたくさんいます。

「いろいろ試しているけど、いっこうに話せるようにならない……」

「いつまで経っても初対面の人との会話が苦手……」

「人前で話すなんてもってのほか……」

このような切実な声が、全国各地から私の元に寄せられます。

「話すのが苦手」といっても原因は一つではありません。複数の問題が合わさっていることが多いのです。

例えば、

「話題がない」＋「緊張しやすい」
「説明が下手」＋「質問ができない」
「人見知り」＋「人の話が聞けない」
「人前で話せない」＋「説得力が弱い」

など。

このように、いろんな苦手があり、人によってもさまざまです。さらに、いろいろなシーンでそれぞれの困り方があります。

だからこそ、複雑化した問題をシンプルに解決する具体策を用意しました。それが本書です。

私が運営している話し方スクールは、開校して約10年が経ちますがセミナーや研修を北海道から沖縄まで1万回以上実施し、10万人をサポートしてきました。現在は、年間

2000回以上実施しています。

自分で言うのもおこがましいのですが、ここまで多く、しかも全国各地で話し方セミナーを開催しているところを見たことがありません。

そのセミナーや研修を通じて提供してきたノウハウ、そして受講生の皆さんからいただいた気づき、教えてもらったことは、皆さんが話し方を学ぶうえで重要な役割を果たします。

私たち講師は、いつもビジネスシーンの現場にいます。

現場で理想論を語っても、何の役にも立たないことを知っています。

だから本書には、「雑談」から「初対面の会話」「人前での話し方」「わかりやすい説明」「意見が合わない人との会話」そして「相手が喜ぶ聞き方」や「会話を引き出す質問」に至るまで、曖昧な表現を一切排除して、即実践できる方法だけを載せました。

会話で困ったら該当ページをめくってください。そこにすべての答えが書いてあります。

なお、7ページに「話し方チェック表」を用意しましたので、設問に答えて、自分が苦手な部分を洗い出してみましょう。そして該当したところを、まずは読んでみることをオススメします。

本書を通じて、言えなかったことがしっかり言えるようになります。
大勢の前で自信を持って話すことができるようになります。
誰とでも気軽に会話が楽しめるようになります。

「この1冊を持っていれば、一生会話に困らない」
あなたにとって本書が、そんな魔法のツールになることを願っています。

株式会社モチベーション&コミュニケーション　代表取締役　桐生稔

話し方
チェック表

あなたが苦手としている
話し方の要素がわかります。
該当する章から読んでみることを
オススメします。

次の設問を読み、当てはまるものにチェックを入れてください。

		設問	チェック
A	1	何を話題にして話したらいいかわからなくなる	
	2	会話が続かないことがある	
	3	会話が止まると気まずい	
	4	意味のない話だとすぐに飽きてしまう	
	5	「こんなこと聞いていいのかな…」と躊躇《ちゅうちょ》してしまう	
	6	年上の人と話すのが苦手	
	7	話が盛り上がらない	
	8	最初は話せても話を膨らませることができない	
	9	その場の空気を読んで会話をするのが苦手	
	10	苦手な人がいると避けてしまう	
B	11	人見知りだ	
	12	自分から声をかけるのが苦手	
	13	元気に挨拶するほうではない	
	14	目を見て話すことができない	
	15	会話でうまく言葉が出てこないときがある	
	16	人に対して警戒心が強いほうだ	
	17	自分の話が退屈なのではないかと思ってしまう	
	18	普段からあまり笑わない	
	19	「話しかけないでオーラ」を出すときがある	
	20	他人に対してあまり興味がない	
C	21	人前で話すのが苦手	
	22	プレッシャーがかかる場面に弱い	
	23	想定外のことが起こるとパニックになる	
	24	自分から手をあげて発言できない	
	25	緊張すると声や手足が震える	
	26	焦ると大量の汗がでる	
	27	ドキドキすると声が詰まってしまう	
	28	普段の生活から呼吸が浅い	
	29	失敗したことがトラウマになっている	
	30	長年あがり症が治らない	

		設問	チェック
D	31	「つまり?」と言われることがある	
	32	話の要点をまとめるのが苦手	
	33	論理的に話せない	
	34	相手が聞きたいことがよくわからない	
	35	質問をされてもうまく答えられない	
	36	突然話を振られると何も言えなくなる	
	37	何度も同じ話を繰り返してしまう	
	38	話の内容が抽象的すぎる	
	39	感情的な話が多い	
	40	決まった言い回しが多い	
E	41	聞き手の興味を引くことができない	
	42	話にストーリー性がない	
	43	伝えたいことが明確ではない	
	44	自分の話したいことを優先させる	
	45	話に感情がこもっていない	
	46	印象に残る話ができない	
	47	自分の声に自信がない	
	48	話しているときの姿勢が悪い	
	49	無表情で話すことが多い	
	50	いつも自信がなさそうに見える	
F	51	話が噛み合わない人がいる	
	52	言いたいことがあっても我慢することが多い	
	53	高圧的な人だとうまく会話ができない	
	54	相手を怒らせてしまうときがある	
	55	言葉が足りず誤解させてしまうことがある	
	56	相手の感情がわからないときがある	
	57	機嫌が悪そうと言われることがある	
	58	一度嫌いになるとその人とは話せなくなる	
	59	妥協することができない	
	60	謝罪することが苦手	

		設問	チェック
G	61	相手を否定してしまうクセがある	
	62	苦手な人に話しかけることができない	
	63	一人でがんばることが多い	
	64	感情を表現することが苦手	
	65	価値観が違う人と話ができない	
	66	ストレスを抱えることが多い	
	67	一人でいるのが好き	
	68	敵をつくりやすい	
	69	キャラクターが薄いと感じる	
	70	人が離れていくことが多い	
H	71	チームのやる気を上げたい	
	72	チームをまとめるのが苦手	
	73	みんなで目標をクリアしたい	
	74	感謝を周りに伝えるのが苦手	
	75	自分の想いをうまく表現できない	
	76	メンバーに期待を持てない	
	77	自分のエピソードを語れない	
	78	目標数値だけを伝えている	
	79	メンバーの気持ちがよくわからない	
	80	メンバーに動いてもらえないことがよくある	
I	81	興味がない話を聞くのが苦手	
	82	「ちゃんと聞いてる?」と言われることがある	
	83	人の話を聞くとかなり疲れる	
	84	自分が話していることが多い	
	85	相手の話を遮ってしまうことがある	
	86	相手のニーズを把握するのが苦手	
	87	無表情で話を聞いていることが多い	
	88	わからないことがあっても聞けないときがある	
	89	「嫌われたくない」が先行して本音で話せない	
	90	相手の本音を聞き出すことができない	

		設問	チェック
J	91	相手から会話を引き出すことができない	
	92	質問が尋問みたいになってしまう	
	93	相手の話したいことがよくわからない	
	94	質問されても聞いていないことがある	
	95	目上の人には萎縮して質問できない	
	96	質問して怒られないか心配になるときがある	
	97	質問すべき事項が漏れてしまうことがある	
	98	自分のことを質問されるのが苦手	
	99	相手の能力を引き出すような質問ができない	
	100	自分に否定的な言葉を投げかけてしまう	

A～Jのそれぞれのカテゴリーで、
いくつチェックしたか、合計を出してください。
チェックの多いところがあなたの苦手な部分です。
そこを中心に学んでいきましょう。

A	コ → 1章へ	F	コ → 6章へ
B	コ → 2章へ	G	コ → 7章へ
C	コ → 3章へ	H	コ → 8章へ
D	コ → 4章へ	I	コ → 9章へ
E	コ → 5章へ	J	コ → 10章へ

第1章 話がおもしろいように続く「雑談」

第2章

人見知りでも大丈夫「初対面トーク」

第3章

ドキドキゼロ「あがらない話し方」

第4章

きちんと伝わる「説明」

第5章

思わず納得する「プレゼン」

第6章

気まずくならない「伝え方」

第7章 良好な関係をつくる「社内トーク」

第8章

モチベーションを上げる「言い方」

第9章

相手が喜ぶ「聞き方」

第10章

会話を引き出す「質問」

○ブックデザイン　小口翔平＋嵩あかり
＋青山風音（tobufune）
○DTP　野中賢／安田浩也（システムタンク）
○校正　鴎来堂

第1章

話がおもしろいように続く「雑談」

1　会話をはじめるきっかけ

雑談がうまい人は、
□をきっかけに会話をはじめる

あなたの周りに、思わず会話がはずんでしまう人はいませんか？　一人、思い浮かべてみてください。

友達かもしれません。会社の同僚や先輩かもしれません。なぜか心を開いて時間も忘れて話してしまう、そんな人です。

あなたが思わず話してしまうとき、相手はあなたに相当数のアレをしているはずです。何でしょうか？

「最近、仕事どう？」
「休みはあるの？」

「え！　そうなの。大丈夫なの？」

「うわ～、すごいね。それでどうしたの？」


そう、『質問』です。

このように、思わず会話がはずんでしまう人は心地いいタイミングで、あなたが話したいことについて、スパッと質問をしているはずです。

人は質問をされると、それに答えようとします。そうすると自分のことを話す機会が増えます。これが人間に快楽を与えるのです。


その裏付けとなる、大変話題になった研究結果があります。

2012年、ハーバード大学のジェイソン・ミッチェル博士が、被験者の脳をMRIを使って調べたところ、「自分のことを話すとき、お金や食事、セックスと同様に、快楽ホルモンと言われるドーパミンを分泌するシステムが活発化することがわかった」と発表しました。

つまり**自分の話をしているときは、食事をしているときのような、お金をもらったときのような喜びを味わっている**ということです。

確かに、相手が自分の話を聞いてくれているときは、自分の存在が承認されたような感覚になり、とっても嬉しくなります。**人間は自分の話を聞いてほしくて仕方ない生き物**なのです。

これを踏まえると、会話をはじめるきっかけは、おもしろい話をすることでも、興味深い話題を提供することでもありません。

「質問する」ことです。

初対面の会話なら、

「はじめまして」＋「こちらのカフェにはよく来られるんですか？」

「こんにちは」＋「会社はお近くなんですか？」

「お会いできて嬉しいです」＋「飛行機は快適でしたか？」

職場なら、

「おはよう」＋「最近忙しそうだね？」

「こんにちは」＋「〇〇の企画、順調？」

「お疲れさまです」＋「部長、今日は会議が続いてますよね？」

お客様を訪問したときは、

「いつもお世話になります」＋「あれ？　入り口の雰囲気変えられました？」

「本日もよろしくお願いいたします」＋「しかしすごい速度で新商品を発売されてますね？」

「ご無沙汰しております」＋「お身体に変わりはないですか？」

このように、たった一つの質問が会話を広げるきっかけになります。

話していて心地がいいのは、「話すのがうまい人」ではなく「話しやすい人」です。話しやすい人は、自分に対して質問を投げかけてくれる人なのです。

ちょっとした質問が、良質なコミュニケーションを育むきっかけになります。

雑談がうまい人は、質問をきっかけに会話をはじめる

2

会話が続く話題の見つけ方

雑談がうまい人は、□□□のものを話題にする

学生時代、ファミレスで友達と雑談した楽しい記憶はあっても、話の内容までは覚えていないと思います。

仲のいい同僚と昼ご飯を食べにいったときも、旧友と飲みにいったときも、楽しい時間を過ごした記憶はあるのに、他愛もない話の内容は覚えていないのではないでしょうか。

なぜなら雑談は、話す「内容」よりも、楽しかったという「感情」が優先されるからです。

私は話し方スクールを運営しているので、今までに「雑談が苦手」という方にたくさんお会いしてきました。その中で、わかったことがあります。

それは、**会話が続かない人は話す内容に重きを置いているる**ということです。いつも「何を話そう……」「特に話すことが見つからない……」「こんなこと言って大丈夫かな……」と話題を見つけることに必死です。

極論すれば、**雑談は話題を見つける必要すらありません。目の前のものに「触れる」**。**これだけで十分**です。

例えば、カフェで打ち合わせするなら、

「このお店っていつも混んでますね」

「スペースが広めで結構いいですよね」

「○○さん、冬でもアイスコーヒーなんですね」

と、お互いの目の前にある情報にタッチする。これだけで会話ははじまります。

何を話そう……なんて真剣な顔をして悩む必要はありません。目の前に情報がたくさんあるからです。

会社のエレベーターを待っているとき、先輩とバッタリ会ったら、

「おはようございます。今日はすごく並んでますね」

「隣のエレベーターが点検中なんですね」

「暑くなってきたんで、半袖の人が増えましたね」


出会いがしらに焦って、「何か話さなくては……」と思うと言葉は出てきません。話す内容に縛られて視野が狭くなるからです。

視野を拡大してみてください。**目の前は話題の宝庫**です。

電車に乗っているなら、

「スマホを見ている人が多いですね」

「下をずっと見ているのは相当首によくないんですって」

「私、最近電車でスマホを見ないようにしていて」

食事をしているなら、

「落ち着いた感じのお店だね」

「きれいな色のお酒！」

「ね、見て！　このお魚、まったく骨がない」

このようにお店の雰囲気、目の前の飲みものや料理に触れます。

話題はすでに目の前に存在する。だとしたら、やるべきことは簡単。よく見ればいいのです。

・目の前には何が見えるか？
・その場所には何があるか？
・そこで何を感じるか？

話題を「見つける」から、目の前の情報に「触れる」という感覚で、雑談にトライしてみてください。そのほうが自然に会話がスタートし、話題も広がっていくはずです。

雑談がうまい人は、目の前のものを話題にする

3

会話が止まったときのリアクション

雑談がうまい人は、
前の会話から［　　］する

会話をしていて、話がピタッと止まるときがありませんか？　話すことがなく、急に沈黙が訪れる瞬間。あのなんとも言えない間が、結構恐ろしかったりします。

そこで、本項では会話が止まったときの具体策をお伝えします。

話すことがなくなったとき、必死で話題を探そうとするのは最悪です。その焦りが相手に伝わり、相手も居心地が悪くなるからです。

まずは安心して、その場に居続けてください。「ニコッ」と余裕を見せて、落ち着いた自分であり続けてください。そうすれば相手も安心します。

とは言え、何も話さずにいると気まずさが倍増します。何か会話を再開させるきっかけが必要ですね。

先ほど、必死に話題を探すのは最悪と言いました。ならばどうやって話題を見つけるのがいいか？

会話が止まるということは、その前までは何かしら話していたということです。

ですから**自然に会話をリスタートさせるには、前の会話から「話題をピックアップ」するる**のが、もっとも簡単なやり方です。

会話が止まるときは、こんな感じです。

「最近暑いですね」→「そうですね」（沈黙）

「先月からジムに通いはじめまして」→「そうなんですね」（沈黙）

「鍼灸院ではりを打ってもらったんですけど、結構効きますよ」→「そうですか」（沈黙）

会話が止まったら、その会話の中身をよく見ていきましょう。

注視すると、ピックアップできるワードがたくさんあります。

「最近暑いですね」は、「最近」と「暑い」で構成されています。

「最近」をピックアップして、「最近あまり食欲がなくて……」

「暑い」をピックアップして、「暑いですよね。35℃まで上がるらしいですよ」

このように前の会話の素材を活かして、会話を再開させることが可能です。

「先月からジムに通いはじめまして」は、「先月」「ジム」「通う」で構成されています。
先月＝「先月から！　月に何回行ってるんですか？」
ジム＝「ジムっていうと本格的なマシンとか使われているんですか？」
通う＝「通うといえば、最近私も速読トレーニングをはじめまして」
というように。

雑談なので、**文脈の整合性はそれほど気にする必要はありません。**それよりも自然な流れや心地よさが大事です。


「鍼灸院ではりを打ってもらったんですけど、結構効きますよ」

「鍼灸院」「はり」「打つ」「結構」「効く」と、ピックアップできるワードがあふれています。


「鍼灸院って何をするところですか？」

「はりって痛くないですか？」

「打つって何センチくらいはりを入れるんですか？」

「結構ってどのくらい長持ちするものなんですか？」

「効くといえば私も整体にはよく行くんです」

など。どのワードをピックアップしてもいいですね。


前の会話には話の続きになる話題が詰まっています。だから沈黙タイムが訪れても安心して優雅に構えてください。そして前の会話を点検してください。前の会話からピックアップするほうが、断然ラクに会話をリスタートさせることができます。

雑談がうまい人は、前の会話から ピックアップ する

4

好感度が上がりすぎる話し方

雑談がうまい人は、[　　　]＋クエスチョンで好感度を爆上げする

項目1で、雑談における質問の重要性を説きました。でも、こんなことを思ったかもしれません。「質問ばかりしていると、尋問みたいになってしまう……」と。

たしかに、「出身はどちらですか？」「名産はなんですか？」「ときどき帰省されるんですか？」「ご両親は？」のように質問を連発されると、警察官の取り調べみたいになります。

特に、**話の内容が自分の気になるテーマだったりすると、質問ばっかりしてしまいます。**

例えばこんな会話です。

相手「先月手術をしまして」

自分「何の手術ですか？」（そういえば最近手術を受けている人が多い）

相手「胃潰瘍《いかいよう》を患いまして」
自分「なぜ胃潰瘍に？」（実は私も胃の調子がよくなくて……）
相手「お酒が原因ではないかと」
自分「毎日飲んでいたのですか？」（自分もやばいかも……）
相手「ええ。ほぼ毎日」
自分「１日にどのくらい飲んでいたのですか？」（いよいよ心配になってきた……）

会話自体は続いていますが、矢継ぎ早に質問すると、相手にとっては決して心地いい空間にはなりません。質問ばかりされて、自分が話したいことを話せていないからです。

でも、気になる話題って、相手の話そっちのけでいろいろ聞きたくなるものです。

そんなときは、**質問（クエスチョン）の前にひと言、「フィードバック」を入れてみてください。**こんな風にです。

「え！　手術ですか。それは本当に大変でしたね（フィードバック）↓何の手術をされたんですか？（クエスチョン）」

「胃潰瘍ですか。それは苦しかったでしょう（フィードバック）↓ところで、なぜ胃潰瘍に？（クエスチョン）」

「お酒、なかなかやめられないんですよね……（フィードバック）。↓ちなみにどのくらい飲んでいたのですか？（クエスチョン）」

このように相手が言ったことに、ひと言フィードバックを返します。これが**相手に対して「あなたの話、しっかり受け止めていますよ」というサイン**になります。

相手は一度話を受け止めてもらっているので、今度は心地よくあなたの質問に答えようとします。これが好かれる人の返し方です。

例えば、「ご出身はどちらなんですか？」という質問に相手が「秋田です」と答えてくれたら、次のようなひと言フィードバックができます。

・「秋田出身なんですね！　おいしい食べ物がたくさんありますよね」（フィードバック）
・「私、一度行ったことがあるんです！　素敵なところですよね」（フィードバック）
・「温泉がとても有名ですよね」（フィードバック）

営業でお客様の店舗を訪問したときに、

「店のレイアウトを変えたんです」

と言われ、

「何か新しい企画がはじまるのですか？」

とすぐに質問すると、尋問になりかけます。

そこで、質問の前にフィードバックを入れます。

「とっても華やかになりましたね」「入口の商品がとっても目立っていますね」「以前より広く感じますね」と。

そうすれば、「そうなんです。実は……」と、お客様から何か話してくれるでしょう。そのあとで、自分が聞きたいことを質問すればいいのです。

フィードバックがあるだけで相手の心は明るくなります。受け止めてもらえた感覚をハッキリつかむからです。そういう小さな一歩が相手との関係性を育てるのです。

雑談がうまい人は、フィードバック＋クエスチョンで好感度を爆上げする

5

話が盛り上がる展開法

雑談がうまい人は、
自然な［　　］で話を盛り上げる

楽しい会話というのは、「あっという間に時が過ぎた」「気づいたらもうこんな時間」というような会話です。それを実現するには、「いかに相手に気持ちよく話してもらうか」が大切です。

世の中には、相手から話を引き出す天才的なコミュニケーターがいます。まるでフロー（目の前の物事に没頭している状態）に入ったように、相手に話をさせてしまうのです。

そう言うと、ものすごい必殺技を使っていそうな感じもしますが、そんなことはありません。むしろ逆。

使っているのは自然な「接続ワード」です。 バレーボールでトスを上げるがごとく、次につなげる接続ワードを使って相手が話しやすいように会話を進展させているのです。

そのワードは、次のようなものです。

「それで」「それから」 ＝さりげなく話を進めるワード
「ということは」「具体的には」 ＝具体化して話を進めるワード
「ちなみに」「なんで」 ＝展開をつくって話を進めるワード

お子さんから1日の出来事を聞くときに、

「へ〜、そうなんだ。それで？」

「それから？」

職場で同僚から悩みを聞くときに、

「そんなことがあったんだ。それで？」

「本当に大変だったね。それでどうするの？」


こういった会話は、よくありますよね。

話を聞くのがうまい人は、自然に話が進んでいくワードを差し込んで話を発展させているのです。

職場で他愛もない話をしているときも、

「ということは、ゴルフをしたのは1年ぶりだったんですか？」

「そのアロマセラピー、具体的にはどんな感じなんですか？」

お客様と雑談するときも、

「ちなみに、5時に起きられるのに目覚まし時計はかけないんですか？」

「食品添加物は一切摂らないんですね。なんでそんなことができるんですか？」

これらも、前項のフィードバックと同じく本当にさりげないひと言です。利いているか利いていないか、わからないくらいのスパイスです。

相手に気持ちよく話してもらうには、

①相手のペースで
②相手が話したいことを
③相手が決める

無理やり話の展開をつくることもなく、話の腰を折ることもなく、相手の話をベースにナチュラルに会話を進めるのです。

自然な接続ワードで会話を盛り上げる。意外とシンプルですが、ちゃんと相手の話を聞いていないと、次の話に接続できません。この根っこには、「相手の話に集中すること」という大事なエッセンスが隠れています。

つくづく思います。**「会話は相手を軸に設計するとうまくいく」**と。

雑談がうまい人は、自然な接続詞で話を盛り上げる

6

他愛もない話から本題へ

雑談がうまい人は、会話と会話をつなぐ□を使用する

他愛もない話が盛り上がるほど、いざ本題に入るタイミングが難しかったりします。

いきなり、「雑談はこのくらいにして、ではさっそく本題に」なんて言うと、これまでのムードが台無し。突然ピリついた雰囲気になることがあります。

受講生からも、こんな質問をよくいただきます。

「雑談から、どうやって本題に入ればいいですか?」「本題の最中に、ちょっとした雑談を挟むにはどうしたらいいですか?」「本題のあと、少し雑談をして終わるには?」と。

雑談から自然に本題に入る、途中で自然に雑談を入れる、自然に雑談で終わる。これらを実現するには、**会話と会話をつなぐ「枕詞《まくらことば》」が必要**です。

【序盤】雑談から自然に本題に入るシーン

「今月はかなり繁盛月なんですね。お忙しそうですね」と雑談したあとで、

「そのお忙しい状況**も踏まえて、**今日は業務を効率化する案をお持ちしました」

と本題に入る。


「そんなに残業続きなんだ、大変だね」と雑談したあとで、

「**ちょうどよかった、**それじゃストレス発散に週末ご飯いかない？」

と、本当に話したいことを話す。


それも踏まえて／そんな〇〇さんに／そんな状況も加味して／ちょうどよかった

こういったフレーズを枕詞として、本題前にひと言プラスします。

いきなり本題に入るブツ切り感がなくなり、自然に入りやすくなります。

ポイントはあまり前後の文脈を気にしないこと。「ちょうどよかったって何がですか？」と聞かれることはほぼないと思います。ちょっとした会話では、会話の流れとか、空気感のほうが大切です。

【中盤】本題中に自然に雑談を挟むシーン
「**そういえば、**最近ジムは行かれているんですか？」
「**ちょっと余談なんですけど、**あの商品、今キャンペーン中みたいです」

これも「今からちょっと雑談を差し込みますよ」という枕詞。
「本題から少し路線を変えますね」という合図になります。これがなく、突然雑談がはじまると、「えっ？　急に何の話？」となります。
あまり雑談が長くなるようなら、「申し訳ありません。つい盛り上がってしまいました。本題に戻りますね」と言って戻しましょう。

【終盤】本題から自然に雑談で終わるシーン
「今日はここまでにしますね」「本日はこれで終了させていただきます」と、まずは本題をしっかり終わらせます。
そのあとに、枕詞です。
「**ところで、**最近お休みは取れていますか？」

「**それにしても、**○○部長、なんでそんなに健康的なんですか？」

本題が終わると、ふっと気持ちが緩みます。緩んだところに、ほんの1、2分、他愛もない会話を入れます。たとえ、さっきまでお金の件で険しい顔をしていた人だとしても、本題が紛糾して怒っていた人だとしても、少しにこやかな顔になります。

最後にちょっとした雑談があるだけで、あなたに対する印象はまったく変わります。

自然な枕詞で会話をエスコートしましょう。

最初は慣れないかもしれませんが、まずはよく使う枕詞を1つか2つ決めてください。少しずつ慣れることで、自然に口にする機会が増えるはずです。

雑談がうまい人は、会話と会話をつなぐ枕詞を使用する

7

楽しい感情を演出する

雑談がうまい人は、感情を□化する

突然ですが、あなたは感情表現が得意ですか？

「苦手」と答える人が多いかもしれません。なぜかというと、ネットで「感情表現が苦手」と検索すると１０００万件以上の記事がヒットするからです。それだけ悩んでいる人が数多くいます。

私は10年間で話し方のセミナーを１万回実施してきましたが、「感情表現が得意です！」という方にお会いしたことはありません。

私は正直、感情表現は苦手でもいいと思っています。いつも感情を表に出していたら体力が持ちませんし、無理して感情表現しても、きっと長続きしませんから。

しかし、あなたにも感情を伝えなければいけない「相手」や「場」は、あるはずです。その「相手」は、友人かもしれませんし、職場の人かもしれません。好意を寄せている人かもしれません。

「場」は、複数名で談笑しているときかもしれませんし、会議のアイスブレイクをするときかもしれません。

「話をしているときに、楽しいのか、つまらないのかが、わからない人」、「みんなで話しているのに、一人だけ無表情で携帯をいじりだす人」。このような人は、相手に感情が伝わらず、周囲を不安にさせます。

別に悪気はなくても、「つまらなそうにしている」「楽しくなさそう」と相手に錯覚させてしまうのです。

無表情や無反応は、何も情報を発信していないのではありません。**「無の感情です」という ことを相手に発信してしまっている**のです。

これは恐ろしいことです。印象はゼロどころか、マイナスです。

だから少し感情を表現する練習をしてみてください。

練習方法は、**感情の「言語化」**です。

英語は、「驚き」だけでも、「Wow!(うわぁ)」「Oh!(おう)」「What!(え、なんだって!)」などがあり、うまくいったときは「Yes!」、ヤッターの気持ちは「Yay!」と、感情表現が本当に多種多彩です。

このように私たちも、**感じたことを言葉にしていきましょう。**

「それは楽しそうですね!」「それは嬉しいですね」「ワクワクしますね!」「最高ですね!」「うわ~素敵!」「おう、すばらしい!」「何それ、すごそう!」と。

自分の話をするときも、きちんと表現します。

「とても楽しかったです」「最高に嬉しかったです」「すごく感動したんです」と。

これらの言葉を発するとき、あなたの表情はどうなっていますか? 無表情でしょうか? きっと明るい表情になっていますよね。

無表情で「ワクワクしますね!」って逆に言いにくいです。無理に笑わなくても、**言葉を変えるだけで表情も変わる**のです。

感情表現が苦手な人も、感情がないわけではありません。感情がないのではなく、感情を言葉にする習慣がないのです。

感情とは目に見えないので、つかみにくい。でも、試しに「足の裏」を意識してみてください。きっと足の裏の感覚に気づいたはずです。意識をしたからです。意識をすると情報が入ってきます。

それと同じく、**感情に意識を向けると、感情に気づけるようになります。**

感情を演出する方法、それが感情の言語化。

まずは「楽しい」「嬉しい」、こういった簡単なフレーズを口に出してみてください。そうすれば徐々に自分の感情に気づき、感情を表す言葉も増えていきます。

雑談がうまい人は、感情を言語化する

第1章まとめ

1 雑談がうまい人は、**質問**をきっかけに会話をはじめる

2 雑談がうまい人は、**目の前**のものを話題にする

3 雑談がうまい人は、前の会話から**ピックアップ**する

4 雑談がうまい人は、**フィードバック**＋クエスチョンで好感度を爆上げする

5 雑談がうまい人は、自然な**接続詞**で話を盛り上げる

6 雑談がうまい人は、会話と会話をつなぐ**枕詞**を使用する

7 雑談がうまい人は、感情を**言語**化する

第2章

人見知りでも大丈夫「初対面トーク」

1

自然に声をかけるさりげないコツ

初対面でうまくいく人は、自分から□する

コミュニケーションに悩みを抱える人は本当に多いです。

マイナビニュースの調査によれば、500人に「自分にはコミュニケーション能力があると思いますか？」と聞いたところ「いいえ」と答えた人が72・4％にものぼりました。私のスクールにも「コミュニケーションが苦手です」という受講生が多数います。

その中でも特に「人見知りで自分から声をかけるのが不得意で……」という人が圧倒的に多いです。そして人見知りの人が、特に苦手意識を感じるのは「初対面」です。

そこで、絶対に嫌われない、誰でもできる、超簡単な、「自然に声をかけるコツ」を紹介します。

普通すぎてビックリしないでください。

そのコツは、**「挨拶」**です。「挨拶ね……」と思われた方もいると思いますが、少し説明させてください。

まず、「おはようございます」と挨拶されて、嫌な気分になる人はいません。「こんにちは。いい天気ですね」と言われてムッとする人もいないでしょう。

営業で会った瞬間いきなり、「この商品、買ってください」と言ったらドン引きされると思いますが、「はじめまして、お会いできて光栄です」と挨拶をされて引かれることはないでしょう。

自然に声をかけるには、挨拶が最強なのです。絶対に嫌がられないからです。

この挨拶。当たり前かと思いきや、なかなかできないときもあります。

例えば30人くらいの集まりに参加したとしましょう。こういう場に行くと、コミュニケーションが得意な人と苦手な人にハッキリ分かれます。

先に声をかけて挨拶をする人は、たいがいコミュニケーションが得意です。

苦手な人は、声をかけられるのを待っています。手持ちの資料やパンフレットを見てモジモジしたり、スマホを触って他人と目を合わせないようにしたり、と。

1回くらいしか会ったことがない人が、向こうから歩いてきた場合も、コミュニケーションが得意な人と苦手な人にハッキリ分かれます。

「先日はどうも！」と先に挨拶する人は、コミュニケーションが得意な人です。

苦手な人は「覚えていないかも……」「気づかないふりしようかな……」と考えてしまい、先に挨拶することができません。

いつでもできるのに、場や人が変わると急にできなくなる。 これが「挨拶なんて当たり前」と過信してはいけない理由です。自ら挨拶するのは意外と億劫なのです。


では、どうしたら自ら挨拶することができるか？

苦手なことに取り組む際、我々が受講生に対して必ず実施することがあります。

それは **「刻む」** こと。

先ほどの30人の集まりに参加したケース。まずは顔を上げるところからスタート。顔を上げることができたら、今度はニコニコしてみる。ニコニコできたら、今度は誰かとアイコンタクトしてみる。アイコンタクトできたら、軽く会釈してみる。

こうして、行動を小さく刻んで最小単位から実施していくのです。**行動が積み上がっていくことで、人とのコミュニケーションに慣れていきます。** 慣れると自然に挨拶ができるようになります。

恋愛のケースで「異性と話すのが苦手……」という人は、まずは職場の異性と話すことに慣れること。それが難しければ、職場の同性と会話をすることに慣れること。それも難しければ、同性の友達と話す練習をすること。それも難しければ、鏡の前で話しかけられやすいような笑顔をつくる練習をすること。

行動を小さく刻めば実践できます。実践すると自信がつきます。自信がつけば次のステップに挑戦できます。こうやって最終ゴールを目指すのです。私はこの技法を**「1／100行動療法」**と言っています。1／100程度に小さくしてアタックしていきます。

自ら挨拶ができるようになれば、自然に会話ができるようになります。人間関係も広がり、きっと人生の景色も変わりはじめます。

初対面でうまくいく人は、自分から挨拶する

2

10秒で相手の心をひらく

初対面でうまくいく人は、会ったらまず□する

会ってすぐに、相手の心をひらくことは可能でしょうか?

この回答の前に「心をひらく」を定義しないといけませんね。

この章は、「人見知りでも大丈夫『初対面トーク』」というテーマなので、「心をひらく」

=「もっと話してみたいと思える状態」と定義したいと思います。

「心をひらく」の逆は、心が閉じている状態です。これを心理学では「メンタルブロック」と言います。このブロックがないのが心をひらいている状態です。そんな人と会ったとき、人はもっと話してみたいと思うはずです。


でも、「会ってすぐに心をひらくことができるの?」って思いますよね。

結論から言うと、可能です。

それを可能にするのが「類似性」という心理です。

類似性に関する心理実験がたくさん行われておりますが、かいつまんで言うと「人は似ている人に親近感を抱く」という心理です。よく言われるのが「出身地」や「出身校」が同じなど、初対面の人でも何か共通点を見つけると一気に心理的な距離が縮まるというもの。

ただ、会ってすぐに共通点なんて見つけられないですよね。

そこで、**相手の話すスピード、声のトーン、表情、体の動き、といった言葉以外の「非言語」の部分を類似させる**のです。

話すスピードが速い人もいれば、遅い人もいます。

声のトーンが高い人もいれば、低い人もいます。

すごく笑顔な人もいれば、表情があまりない人もいます。

動きが大きい人もいれば、小さい人もいます。

最初の10秒、相手と会話をしながら相手の非言語の部分を把握します。そして、できるだけ相手に合わせます。

会った瞬間なんとなく、「この人はおっとりしている人だ」、あるいは「エネルギッシュな人だ」あるいは「人と話すのが好きそうな人だ」と、察知するときがありませんか。

もちろんそのあとに印象が変わることもあると思いますが、最初に相手の特徴が非言語の部分に出るのです。

ゆったり話すような人に、マシンガントークで捲《まく》し立てたら、心をひらくどころかブロックされます。

大人しそうな人に「こんにちは！」とデカイ声で挨拶したら、嫌がられます。逆も真なりで、とても元気な人に大人しそうに挨拶するとそれも敬遠されます。

良い、悪い、ではなく、相手と合わせることが大事。なぜならそこに「類似性」が働くからです。人間は似ている人に心をひらきます。

いろんなサークルやコミュニティを見てください。同じような見た目、雰囲気、性格の人が集まっていませんか。

類似性は心地がいいのです。だから無条件で心をひらいてしまいます。

相手の様子をつかまずに、「とりあえず元気に」「挨拶は大きな声で」「いつも激しいボデ

ィランゲージを交えて話す」といったことをすると、相手はびっくりして距離を置いてしまいます。

まずは最初の10秒、相手を観察する。そして相手のペースに合わせていく。

そうすれば、相手は本能レベルで「類似する人だ」「仲間だ」と判断し、そのあとも会話を進めたくなります。

出会いがしらの10秒で、相手との親密度が変わります。まずは相手の様子を汲み取ることに集中していきましょう。

初対面でうまくいく人は、会ったらまず観察する

3

100%共通する話題

初対面でうまくいく人は、 をテーマに会話をつくる

人見知りの人が悩むのは、「どんな会話をしたらいいか？」ということ。

ここでも役に立つのが、前項でもお伝えした「類似性」の心理です。「この人、感覚が近いな」「結構、傾向が似ているかも」「価値観がいっしょっぽい」、そういった共通点があると、相手との距離はグッと近くなります。


ところが、共通点を見つけようといろいろ質問すると、尋問みたいになり、相手に警戒されてしまうこともあります。

また、共通点を探そうとしても、

「私、最近ゴルフをはじめまして。〇〇さんはゴルフをしていますか？」

↓「いいえ」

「あの話題の映画、もう観ました？」

↓「映画には疎くて」

こんな風に、見つかるどころか気まずくなることもあります。

さらに、共通点を見つけたとしても、

「ＩＴ系のお仕事をされてるんですね！　私もです」（共通点を見つけた！）

↓「はい、でも今、別の仕事を探しておりまして」

「……」会話が終了してしまいます。


「過去」や「現在」のことは、相手との共通点にならないことが多いのです。人それぞれ知識も経験も違うからです。

でも、**「未来」のことは、まだ起こっていないので共通点にしやすい**です。

例えば、こんな未来に関する会話。

Ａ：「将来どんな職業を目指されているのですか？」

B：「コンサル系業界を目指しておりまして」
A：「コンサル系ですね！　私も興味があります」
B：「そうなんですか！」

　ここで「コンサルに興味」という共通点が生まれました。

「興味があります」と言わないまでも、「とってもやりがいがありそうですね！」「すごく成長できそうでいいな～」と興味を示すこともできます。これも「コンサルに興味」という共通点が生まれた瞬間です。未来の話は仮の話なので共通点を見つけやすいのです。


「今、食事に気をつけておりまして」

「私もです」

なら共通点になりますが、そう一致するとは限りません。そんなときは、

「私、全然気をつけていないんですが、そろそろ気をつけなければならないって思っておりまして」

　と未来について話します。たとえリアルタイムの話じゃなくても、「食事に興味」という共通の話題ができました。

出身地や出身校、現在の仕事や趣味がピッタリ一致するなんて、滅多にないと思います。

でも、未来に話を膨らませると共通点が見つかりやすくなります。

普段の会話を紐解いてみてください。きっと、過去の話か、現在の話か、未来の話をしています。これは私の肌感覚ですが、おそらく過去と現在の話題が9割を占めているのではないかと思います。


だから少しでも未来の話を増やしませんか。

未来の話は過去の実績にしばられません。類似性が生まれやすくなり、相手との距離がグッと近づくと思います。

初対面でうまくいく人は、未来をテーマに会話をつくる

4

忘れられないキャッチコピー

初対面でうまくいく人は、
相手の脳内に［　　　］を刻む

話し終えたあとも、記憶に残るような人がいます。

普段の人間関係、恋愛、営業でも、そういった人とはまた会いたくなります。そして、何かの折にその人のことを思い出します。

相手の記憶に残る……なかなかハードルが高いかもしれませんが、ぜひそうありたいものです。

企業は、消費者の記憶に残すため、必死になって商品のキャッチコピーをつくります。短くて、インパクトがあって、忘れられない宣伝文句です。

例えば、

「玄関あけたらサトウのごはん」

「すぐおいしい、すごくおいしい」

「インテル入ってる」

など。


以前あるコミュニティの会合で、「笑顔でメタボな（名前）です！」と自己紹介している人がいました。「電車オタクで天下をとります！」と宣言している人もいました。

こういう**メッセージ性がある人は、時間が経ってもすぐに顔が思い浮かんできます。**

キャッチコピーというと大げさかもしれませんが、**個人でも、相手の脳内に「メッセージ」を刻める人は記憶に残ります。**


そこで、一度考えてみませんか。「あなたは相手に何と認識されたいか」を。

私は○○○○○○○○と認識されたい。

これを埋める。あなたならではのユニークなメッセージです。


私は、研修や講演をするときは、「とにかく笑える」「爆笑しながら学習できる」「おもしろく学べる」、これらを受講生の脳内に残しています。

と言っても、難しいことはしていません。研修をしながら受講生が話したことに爆笑したり、腹を抱えて笑ったり、手を叩いてウケたりしているだけです。

会話のベースに「笑い」を据えているので、何を話していてもおもしろくなってきます。涙を浮かべて笑っているときもありますが、決してわざとではありません。

相手を笑わせるのは難しいかもしれませんが、自分が笑うことは簡単です。

私は9人家族で育ち、いつもお茶の間は家族の団らんで爆笑が絶えませんでした。部活もサークルも全部チームプレイの競技を選びました。複数でやっているので、いつも笑いがあふれていました。会社の会議でも、笑いがある会議のほうがうまくいった経験があります。人は笑いながら育っていく。そんな思想が根本にあります。

改めて聞きます。

あなたは、相手の頭の中にどんなメッセージを残したいですか？

「とにかく明るい人」

「レスポンスの速さなら超一級」

「ものすごく話を聞いてくれる人」

こういったメッセージかもしれません。


パッと出てこない人は、こう質問してみてください。

「私の仕事におけるこだわりは？」

「クセが強いと言われる性格は？」

「他人からよく褒められることは？」


出会ったあと、「あの人は○○な人だった」と、相手の脳内にメッセージを刻む。

そんな残り香がある人が、忘れられない存在となり、チャンスを広げていくのです。

初対面でうまくいく人は、相手の脳内に メッセージ を刻む

5

話をコラボして盛り上げる

初対面でうまくいく人は、□&□で会話を重ねる

相手がまったく話さない人だったらどうしますか？　中には無口な人もいるし、そもそも会話が苦手な人もいますよね。

話すのが苦手な人には、次のような原因があります。

①会話に慣れていない
②会話自体に興味が持てない
③何を話したらいいかわからない

話すのが苦手なのに、無理やり相手に話させるのはよくありませんよね。

まず皆さんに押さえていただきたいのは、会話は「お互いにつくりあげていくもの」ということです。どちらかが話しまくるものではなく、聞きまくるのでもありません。互いの話をコラボさせていくことがベストです。

コラボとは「協力」や「共同制作」。**相手の話を聞いたり、自分のことを話したり、そうやって会話を共につくりあげていくのが最高の形**です。

それを実現する、簡単な方法があります。**ME&YOU**という手法です。**「私は〇〇。あなたは？」という会話の流れです。**

例えば、こういう会話。

・「私は教育業界に20年いるのですが（ME）、〇〇さんもこの業界が長いんですか？（YOU）」
・「私は生まれも育ちも関東なんですが（ME）、〇〇さんはどちらのご出身ですか？（YOU）」
・「私、駅から30分歩いてきたのですが（ME）、〇〇さんはどうやって来られましたか？（YOU）」

先に自己開示してもらえると、相手も話しやすくなります。

コミュニケーション力が高い人は、相手のことを「話すのが苦手そうな人」と察知した瞬間、話しやすいように先に自己開示します。何気なく先に手札を出して、相手からも手札を出してもらいます。こうして話しやすい空間をつくります。

ＭＥが自分の話。ＹＯＵが相手の話。これがコラボしていく話法です。

会話に慣れていない人は、「こんなことを言っていいだろうか」「変に思われたら嫌だ」など、常に不安を抱えています。なので、まず話のネタがテーブルにのっているほうが安心します。その役割を果たすのが「ＭＥ」。

人との会話に興味が持てない人も、まずは興味を持つきっかけが必要です。その素材もまた「ＭＥ」から展開できます。

いきなり「好きなものはなんですか？」と聞かれたら、何を話したらいいかわかりませんが、「私、休みの日は岩盤浴に通っているのですが（ＭＥ）、○○さんもハマっているものはありますか？（ＹＯＵ）」と聞かれれば、話の方向性はわかります。それを示すのもまた、「ＭＥ」の役割です。

「こういう会合は、よく来られるんですか？」

よりも、

「私、今日はじめて来たのですが（ＭＥ）、○○さんはよく来られるんですか？（ＹＯＵ）」

と、最初にひと言挟むだけで、何を話せばいいのか明確になり、相手も話しやすくなります。


一方的にしゃべり続ける、もしくは聞き続ける、だと会話が無機質になります。会話をゴージャスにするには話をコラボさせること。それがＭＥ＆ＹＯＵ「私は○○。あなたは？」です。

会話が盛り上がる人は、こういう少しの創意も怠りません。

初対面でうまくいく人は、ME & YOUで会話を重ねる

6

グループの会話に自然に入る

初対面でうまくいく人は、□かけるのではなく、□かけられる

・パーティに出席すると誰とも話せない
・知らない人が来ている飲み会が苦手
・複数人の会話になると突然話せなくなる
・会話の輪に入れず気まずい

1対1の会話は問題ないのに、複数人になると急に話せなくなる、という悩みをよく相談されます。

複数者間で会話のラリーが続いている中、自ら会話を挟んでいくのは結構勇気がいります。「スルーされたらどうしよう……」「そもそも何を言えばいいの……」と考えてしまう

からです。

それもそのはず。1対1の場合は情報量が一つです。目の前にいる相手だけ。しかし、複数名になると、いっきに情報量が増えます。5人で会話をしていたら、自分を除く4人分の情報を捉えなくてはなりません。

「Aさんがこんな話をした」「Bさんがその会話に乗った」「あれ、Cさんはその話に興味なさそう」「いつの間にかDさんが話を変えている」。このように扱う情報量が爆発的に増えるので、いっきに会話の難易度が上がります。

複数名の会話に自然に入るのは、とても度胸がいることです。

だからこそ**複数名の会話に自然に入るには、話しかけるのではなく、「話しかけられる」技術を習得する**必要があります。話しかけられるほうが断然会話に入りやすくなるからです。

まず、前提として**「人は反応があるところに反応する」**ということを押さえてください。

フラワーロックってご存じでしょうか。ちょっと古かったですかね（笑）。30年前に大流行した、音が鳴ると動く花のオモチャです。会話をしているとフラワーロックが動きます。

動くのでつい目が行ってしまいます。人は動きがあるところに反応してしまうのです。

それと同じく、複数名で会話をしているときも、積極的に反応すればいいのです。反応があるところに目が行くからです。

反応は、次のようなステップで行います。

ステップ① 話している人を見る
ステップ② ニコッとする
ステップ③ コメントする

もし、Aさんが旅行の話をしていたら、
ステップ① Aさんを見て、
ステップ② ニコッとして、
ステップ③「楽しそう！」と言う。
これだけ。

相手の話に反応していると、「〇〇さんもよく旅行に行くの？」と話を振られたりします。

誰かが音楽の話をしていれば、その人を見て、ニコッとして、「私も〇〇好きだな……」とコメントする。ひとり言みたいに「いいな～」「すごいな～」「おもしろそ～」とボソッと言うだけで構いません。これで話しかけられる確率は格段に上がります。それに、自身の感想なので別にスルーされてもいいわけです。

合コンや飲み会で、印象がいい人を観察すると、その人の首の動きは非常に忙しいです。話している人に視線を送り、あっちを見て、こっちを見て、周りがよく見えています。そして笑顔で何かコメントを残しています。

反応されると、話しているほうは嬉しくなり、話しかけたくなります。

複数名で会話するときは、無理やり話しかける、話題を提供する、そんな力業はいりません。話し手を見て、ニコッとして、ボソッとコメントする。このシンプルなステップが「話しかける」→「話しかけられる」を生み出します。

初対面でうまくいく人は、話しかけるのではなく、話しかけられる

7

話すのが苦手な人ほど好かれる理由

初対面でうまくいく人は、話題を提供するより、相手の発言を［　　　］

「人見知りで話すのが苦手です……」という相談をいただくたびに、私は「無理して話さなくてもいいですよ」と伝えています。

むしろ話さないほうが好かれます。人は、自分の話をちゃんと聞いてくれる人に親近感を持つからです。

子供の頃、おばあちゃんと話をしたことがある人も多いと思います。

おばあちゃんは、「え～！　まぁ～」「そうだったの～」「へ～！　それは大変」と、いつも話を聞いてくれたのではないでしょうか。私の祖母も、私が何度同じ話をしても、毎回初めて聞くかのように驚いて聞いてくれました。私はそんな祖母が大好きでした。

実は、会話では聞き方のほうが重要です。話し手に「自分の話をちゃんと受けとめてもらっている」という温かい気持ちを与えることができるからです。

ですから、無理に話さなくても相手の話に**「オウム返し」**（相手の言ったことをそのまま繰り返し言うこと）**をするだけで、十分会話は盛り上がります。**

A：「先日子供がお酒を飲める歳になりまして」
B：「え！　お子さんが」
A：「そうなんです。もう二十歳なんです」
B：「もう二十歳ですか」
A：「早いもんですよ」
B：「ほんとに早いですね」

聞き手Bは、話し手Aの言っていることを繰り返しているだけですが、Aはどんどん話してくれます。

テレビ番組の司会者を研究すると、「オウム返し」の効果がよくわかります。

ゲスト：「私、怒っています！」
司会：「相当怒ってますね」
ゲスト：「そうですよ。絶対この制度おかしいですよ」
司会：「おかしい？」
ゲスト：「だって誰も利用してないじゃないですか」
司会：「利用してないですね」
ゲスト：「でしょ！　だから……」

このように司会者が、話した人の言葉をなぞってどんどん話を進めていく場面があります。繰り返してもらえると、話し手は受けとめてもらえた感じがして安心するのですね。

ただ、やたらとオウム返しをされると、「本当に聞いている？」と疑う人もいます。そこで、少し工夫します。**「ただ繰り返す」「ひと言入れてから繰り返す」「繰り返してからひと言入れる」といった、いろいろなパターンを取り入れる**のです。

A：「ゴールデンウィークは1日も休みがなかったです」
B：「1日も！」（ただ繰り返す）
A：「そうなんです。急な仕事が入っちゃって」
B：「おぉ、そうなんですね。急な仕事が」（ひと言入れてから繰り返す）
A：「そう、なかなか断れなくて」
B：「断れなくて……それは大変でしたね」（繰り返してからひと言入れる）
A：「まぁ、無事に終わってよかったですが」
B：「無事に終わってよかったですね」（ただ繰り返す）

相手の話を繰り返す最大の効能は、相手の話をちゃんと聞くようになることです。繰り返そうと思ったら、相手の話を聞かないとできません。自然に話し手に意識が向きます。これも相手に喜ばれる理由です。

初対面でうまくいく人は、話題を提供するより、相手の発言を**繰り返す**

第2章まとめ

1 初対面でうまくいく人は、自分から**挨拶**する

2 初対面でうまくいく人は、会ったらまず**観察**する

3 初対面でうまくいく人は、**未来**をテーマに会話をつくる

4 初対面でうまくいく人は、相手の脳内に**メッセージ**を刻む

5 初対面でうまくいく人は、**ME**&**YOU**で会話を重ねる

6 初対面でうまくいく人は、**話し**かけるのではなく、**話し**かけられる

7 初対面でうまくいく人は、話題を提供するより、相手の発言を**繰り返す**

第3章

ドキドキゼロ「あがらない話し方」

1

本番の解像度を上げる

人前でうまく話せる人は、本番の□をしつこいほどどする

あなたは人前で話すとき、緊張しやすいタイプですか？

もしそうだとしても、安心してください。多くのアンケートで、7割8割の方が「人前で話すときに緊張する」と答えています。決してあなただけではありません。

講師は人前で話す仕事です。それでも、「私、人前で話すときに緊張するタイプです」「もともとあがり症なんです」という講師は非常に多いです。私はこれまでに講師の面接を1000人以上行ってきて、そういった声を多数聞きました。人前で話す職業の人ですらそうなんですから、あなたが緊張するのは至って普通のことです。

それでも、やはり人前で話すときに「パフォーマンスを発揮する人」と「パフォーマン

 スが発揮できない人」は明確に分かれます。

実は、**人前で話すときの緊張度合いは「仕込み」で決まります。つまり「どれだけ準備したか」です。**準備がすべてと言っても過言ではないくらいです。

「毎回準備していますが、緊張します……」という方もいるでしょう。

でも、心を鬼にして言います。準備のクオリティが脆弱です。

たくさん時間をかけるとか、何度も練習するとか、そういったことではありません。準備のクオリティは、別のもので決まります。

仮に、あなたが結婚式で乾杯の挨拶をするとしましょう。

はじめての経験です。この状態で何も準備をせずに当日を迎えたら、口から心臓が飛び出るくらい緊張すると思います。

私も同じです。変な汗がダラダラ出てきそうです。なぜなら、想定できていないからです。

「目をつむって走ってください」と言われるようなもので、恐ろしくて一歩も動けません。

人前で話すときも、想定できていなければ話せなくて当然です。

緊張しやすい人にとって、ぶっつけ本番ほど危険な行為はありません。

逆に、はじめて話すシチュエーションでも、ある程度想定できていたらどうでしょうか。

①誰が聞いているのか？
②何人いるのか？
③聞き手はどんな顔をして聞いているのか？
④どのくらいの時間話すのか？
⑤どんな場所で話すのか？

その上で話す内容を決めるのなら、かなり自信も変わってくるはずです。わからなければ、主催者に事前に聞くといいですね。

「結婚式の乾杯の挨拶」とYouTubeで検索すれば、いくらでも動画が上がっています。それを見てイメージするのも一つの方法です。

準備のクオリティを決めるのは本番の「解像度」です。**本番当日の映像がぼやけている**

人は、緊張度合いが高まります。鮮明にイメージできている人は、緊張度合いが格段に下がります。

サッカーのシュート練習で、何も考えず1000回打っても足が太くなるだけです。本番を明確にイメージして100回打つほうが、ゴールを決める率は高まります。

当日の様子がアバウト、これが準備をしていても毎回緊張する理由です。

本番の様子を明確にイメージできれば自信が持てます。解像度が高いほど、それは確信に変わります。

ぜひ本番を明確に想定することで、あなたが本当に伝えたいことを聞き手に届けてください。

人前でうまく話せる人は、本番の準備をしつこいほどする

2

ドキドキしない心の整え方

人前でうまく話せる人は、「□でもこれだけは伝える」を決める

一つ、明確にしたいことがあります。

それは、**「緊張」と「緊張感」はまったく違う**ということです。

「緊張」は意識が散漫な状態です。人前で話すときに、「よく見られたい」「失敗したくない」「頭が真っ白になったらどうしよう……」と、いろいろなことを考えすぎて、意識が散らかっています。このとき人は緊張します。

一方、「緊張感」は意識が集中している状態です。

人前で話すとき、伝えることに没頭していると、あっという間に時が過ぎたり、ドキド

キしていることすら気づかないときがあります。

アスリートの世界がまさにそうですね。ワールドカップの出場がかかったＰＫ、大相撲千秋楽の優勝決定戦、プレーオフ進出がかかったゴルフのファイナルショット、この瞬間アスリートは針に糸を通すかのように意識を集中させていて、私たちにも緊張感が伝わってきます。これを「ゾーン」と言う人もいますが、こういう状態のとき人は高いパフォーマンスを発揮します。


実は、「緊張」も「緊張感」も体内で起こっていることは同じです。交感神経が優位になり、脈が速くなり、心臓がドキドキして、興奮状態に入ります。

ただ、先ほどお伝えした「意識」が違うのです。

まとめると、人前で話すとき、

- **意識が散漫な人＝緊張する人**
- **意識が集中している人＝緊張感をまとう人**

ということ。

結果が出るのはもちろん後者です。

人前で話すとき、集中力を高める簡易な方法があります。
それは、**たった1行、「死んでもこれだけは伝える」を決める**ことです。

自己紹介でも、商品説明でも、プレゼンでも、話すことがいろいろあると思いますが、その中でも、「死んでもこれだけは伝える」という1行を決める。

そして、その1行を伝えることに徹底的に意識を集中させる。

緊張しやすい人は、話すことがぼんやりしています。「最終的には何を伝えたいか？」に集中できていません。だから意識が散漫になります。

企画会議なら、「この企画のコンセプトは○○です！」と、この1行だけは絶対に伝わるように話す。

新商品の提案なら、「フルーツと和菓子のハーモニー」これだけは必ず知ってもらう。

営業なら、「この商品を購入すると1年後のお客様の未来は○○になる」、この○○だけは何がなんでも伝える。

今日のデートで「僕と結婚してください」だけは絶対に伝える。

もちろんドキドキすると思いますが、そんなときに「よく見られたい」とか「前髪整っているかな」とか考えないわけです。

意識を研ぎ澄ます。そのために1行を決めるのです。

人前で話すときに、たとえ緊張していたとしても、汗だくでも、一生懸命何かを伝えようとする人は、聴衆の心を打ちます。そういう人は形より中身で勝負できる人です。

「本当に伝えたいことは何か」、ぜひ真芯《まっしん》にフォーカスしてください。きっといつもの緊張をフッと忘れる瞬間がやってきます。

人前でうまく話せる人は、「死ん」でもこれだけは伝える」を決める

3

リラックスできる体の使い方

人前でうまく話せる人は、真の［　　］でリラックスモードに入る

緊張でドキドキしているときは、呼吸が浅くなり、心拍数が上がり、発汗が増えます。この状態ではリラックスして話せません。かといって、「心拍数よ、下がれ」「汗よ、止まれ」と言ってもどうにもなりません。これらは自律神経によるもので、自分の意思ではコントロールできないのです。

でも、**唯一コントロールできるものがあります。それが呼吸です。**息をゆっくり吸ったり、吐いたり。深く呼吸することも、浅く呼吸することも、自分の意思で決めることができます。

あがり症を克服するトレーニングでは、まず呼吸を学びます。心を整える瞑想もはじめ

に呼吸から入りますが、それが心を落ち着かせる一番の方法だからです。

人間は1日に2～3万回呼吸をします。現代人はストレスや不規則な生活から、日常的に呼吸が浅く、速くなる傾向にあると言われています。つまり「呼吸過多」になっている人が多いということ。

胸式呼吸のときは、一度に吸える息の量が少ないので、呼吸が浅く、速くなります。反対に深い呼吸ができるとリラックスモードに切り換えることができます。それを実現するのが**腹式呼吸です。お腹を膨らませ、横隔膜を大きく動かす呼吸法です。**

「お腹を膨らませて、横隔膜を大きく動かす」といってもイメージしにくいと思うので、今回は誰でもできる腹式呼吸の方法を3つ紹介します。

すごく簡単なので、ぜひいっしょにやってみましょう。

① 肋骨呼吸

(1) 肋骨に手を入れます
(2) 少し前かがみになります
(3) そのまま呼吸をします

おそらく勝手にお腹が膨らむと思います。横隔膜が下がり、肺が広がって、たくさん息が吸えている証です。

② 肩甲骨呼吸

次は肩甲骨を下げるやり方です。

(1) 手を後ろで組みます
(2) 肩を下げます
(3) そのまま呼吸をします

これも勝手にお腹が膨らんで腹式呼吸になります。

③ 手のひら呼吸

手をグーにして目の前にかざしてください。そして息をしてみてください。どこに息が入りますか？ きっと胸あたりが膨らむと思います。これは胸式呼吸になるのでNGです。では、今度は手をパーにして、息を吸ってください。どこに息が入りますか？ きっとお腹に入ると思います。実際お腹に空気が入っているわけではないのですが、手をパーにすると横隔膜が下がりやすくなります。結果、肺が広がり、腹式呼吸になります。

どうでしょう。やってみると思った以上にわかりやすいと思います。

3つのうち、どれでもいいので、**緊張したときは1分くらい深い呼吸を実践してみてください。ポイントは一瞬で深く終わらせることです。**

多くの人は深呼吸といっても、本当に深い呼吸はできていません。だからリラックスしづらいのです。

本当に深い呼吸をすると、少し体が温かくなるような感覚があります。それを感じたら合格です。これを私は真の深呼吸と呼んでいます。

呼吸が深くなると、その人の表情が変わります。余裕が出てくるからです。まずは深く呼吸する感覚をつかむところからはじめていきましょう。

人前でうまく話せる人は、真の深呼吸でリラックスモードに入る

4

パニックになったときの思考整理術

人前でうまく話せる人は、パニックを回避する□を決めておく

講師として駆け出しの頃、私は大失敗をしました。はじめて講演のお仕事をいただき、50人の前で話をしたときのことです。

私は練習を入念に重ね、本番を迎えました。しかし、実際50人の前に立った瞬間……私はいきなり目の前が真っ白になったのです。

なぜなら聞き手の中に、元上司にソックリな人がいたからです。

私はかつて、その上司にさんざん怒られました。その記憶がフラッシュバックして、その人を見た瞬間パニックになったのです。もちろん本人ではないのに、です。

マイクを持つ手は震え、口はカラカラ。コップに入った水を飲みたくても、それをつかんだら手が震えていることがバレてしまうので飲めない状態です。もうどうやって講演を

終えたかすら覚えていません。必死にした練習も水の泡となりました。

そこから学んだことは、ただ一つ。**「パニックも想定内に」**ということです。

地震はいつ来るかわかりません。でも「来たらこうする」は、決めておくことができます。それが避難訓練です。それと同じく、

・人前で話すときにパニックになりやすい人
・よく頭の中が真っ白になる人
・言いたいことが飛んでしまう人

は、**パニックになったときの「避難ルート」を決めておきましょう。**

例えば、会議で上司から突っ込まれてパニックになった経験がある人は、次回会議で発表するときは、こう決めておきます。

避難ルート①　パニックになったら、

「質問内容を確認させていただいてもよろしいでしょうか？」と、まず何を聞かれているかを丁寧に確認する。

避難ルート②　もし本当にわからなければ、
「○日までに調べて回答いたします」と、次回に持ち越すことを決めておく。

避難ルート③　上司に理不尽なことを言われたら、

「事実のみを返す」と決めておく。

(例)「○日のミーティングで、○○という指示をいただきました」

(例)「○○ということが議事録にも残っています」

とやんわり事実を突きつけます。すると上司も、「そんなことは言っていない……」とは言いづらいものです。

このように**「もしこうなったら、こうする」を予め設計しておく**のです。

では、人前で話すとき、緊張でパニックになった経験がある人はどうでしょう？

その場合、「一旦、ここまでの話をまとめさせていただいてもよろしいでしょうか」と言って、思考を整理する時間を設けることを決めておく。

冒頭からパニックになった場合は、「いきなり言いたいことが飛んでしまいました。ひと呼吸してもよろしいでしょうか」と、宣言することを決めておく。

またクレーム対応でも、お客様がイライラして「だから何度も言っているように！！」と言い出したら、「自分は冷静に、落ち着いて、丁寧に回答する」ことを決めておく。

パニックとは突発的な不安や恐怖による混乱した心理状態です。**突発的にしないことがパニックを防ぐ策**です。

暗闇だと、人は一歩も動けません。でも光が差せば前に進めます。パニックになったときも、行く末を照らす避難ルートがあれば前進できます。

備えあれば憂いなしとは、まさにこのことですね。

人前でうまく話せる人は、パニックを回避する

避難ルートを決めておく

5

本番であがったときの応急処置

人前でうまく話せる人は、話すペースを［　　］にする

いろいろ対策を打ったとしても、実際、本番であがってしまったらどうするか、という問題もあります。そこで今回は、「あがってしまったときの応急処置」を紹介します。

まずは、あなたが本番であがってしまったときのことを思い出してみてください。

大勢が参加する会議で発表したときでしょうか？　いきなり自己紹介を求められたときでしょうか？　結婚式の挨拶や、ちょっとした乾杯のひと言かもしれません。

そのとき、話すペースはどうでしたか？　早く終わらせたい、そんな気持ちもあって、話すペースが速くなったのではないかと思います。これは当然で、緊張すると呼吸が浅くなり、少量しか息が吸えません。その少ない息で無理やり話そうとするので、息がもたず

自然に早口になります。

だからこそ、**あがってしまったときは、話すペースを極限まで「スローにする」**ことが求められます。

話す速度がゆっくりになると、呼吸が整い、落ち着いてきます。話すペースを遅くすることで「自分は落ち着いているんだ」と体に認識させます。

以下は強制的に話すペースを遅くするやり方です。

①間を入れる

「本日お伝えすることは、３点です」（1、2、3と、３秒「間」を入れる）
「１つ目は、当社の創業目的について」（1、2、3と、３秒「間」を入れる）
「２つ目は、当社が取得した特許について」（1、2、3と、３秒「間」を入れる）
「３つ目は、特許を活かした新商品についてです」（1、2、3と、３秒「間」を入れる）

間を入れると、沈黙時間が生まれて怖いかもしれません。でも、話すスピードは確実に遅くなります。間がブレーキの役割を果たすからです。そして、間を入れることで呼吸を整えることもできます。緊張したときは、ちょっとやりすぎぐらい間を入れて、話すペースをスローにしてみてください。

②聞き手を見る

「聞き手を見たら、ますます緊張してしまう……」、という人もいると思います。

でも、お化け屋敷が怖いからといって、目をつむって入ったらどうでしょう。余計怖いですよね。

これは緊張したときもいっしょ。「自分は緊張している……」「聞き手もそれに気づいている……」「あがっているところを見られて恥ずかしい……」なんて、実際聞き手は何にも感じていないのに、自分勝手にいろいろ考えると、さらに緊張して話すペースは加速します。だからちゃんと聞き手を見て、状況を把握する必要があるのです。

実態をつかめれば、落ち着いてゆっくり話すことができます。

③質問を入れる

会議の発表や、プレゼンをするとき、聞き手に「○○さんはどう思います？」と質問を入れます。すると一旦ボールが相手にいきます。この瞬間話すことが休止され、この隙に速くなったペースを戻すことができます。

聞き手が大人数で、直接質問できなかったとしても、「ここまではよろしいでしょうか？」と質問し、聞き手に頷いてもらう。「このまま進めてもよろしいでしょうか？」「一旦話をまとめてもよろしいでしょうか？」と質問し、合意をとる。これもブレイクになります。違和感がないくらい、適度に質問を入れていきましょう。

一方的に話し続けると話すスピードもどんどん上がります。それを阻止すべく質問をうまく取り入れるのです。

あがってしまうのは仕方がないことです。ただ、何も処置せずに突っ走ったら、緊張し続けて終わることになります。**ドキドキする気持ちはすぐに変わらなくても、話すペースは自分でコントロールできます。**

まずはペースをスローにすべく、「間を入れる」「聞き手を見る」「質問を入れる」の中から、できるものを試してみてください。

人前でうまく話せる人は、話すペースを スロー にする

6

言葉が出てこないときの処方箋

人前でうまく話せる人は、言い□言葉からはじめ、言い□言葉を抜く

いきなりですが、あなたは電話対応が得意ですか？　私は本当に苦手でした。小さい頃、家の電話はまだ黒電話で、「ジリリリリン!!」と、バカでかいベル音を鳴らします。そのたびにビクッとして、うまく言葉が出てこなかった記憶があります。

人前で話すときも、緊張で言葉がつまったり、声が震えたりしていました。

大人になってからも、会議などで急に質問されるとドキッとして言葉が出てきません。

もともとチキンハートで豆腐メンタルな私は、こういったことが日常茶飯事だったのです。

しかし、それは完璧に改善されました。

社会人になって10年くらい経ったときのこと。当時、勤めていたボイストレーニングの

会社で**「息の流れ」**が大切だと教わったのがきっかけです。

当たり前の話ですが、声を出すためには息を吐く必要があります。息を吸いながら声は出せません。無呼吸でも声は出せません。

しかし「何か言わなきゃ」と焦ると、緊張で体が力みます。力むと、声帯周りの筋肉がギュッと縮まり、息の流れが止まり、声が出しにくくなります。重いものを持つとき、力を入れますよね。そのときは息が止まっています。

力むと呼吸していないことが多く、これが緊張すると言葉が出てこない原因です。だからこそ、ちゃんと「息の流れ」をつくる必要があります。

ここでは、息の流れをつくる２つの方法を紹介します。

①言いやすい言葉からはじめる

あなたには、何か発しやすい言葉はありませんか？　例えば、「そう」「なんか」「まぁ」「ちょっと」など。とにかく、発しやすい言葉から発言します。

「そう、非常に有効だと思っていて」

「なんか、すごくいい印象があります」

「まぁ、いけるような気がします」

「ちょっと、私もやってみたいです」

さ行？　な行？　何行の何が言いやすいかは人によって異なりますが、何か発しやすい言葉があるはずです。緊張して言葉が出てこないときは、その言いやすい言葉からはじめます。

多少前後の文脈がおかしくなるかもしれませんが、言葉に詰まるよりは断然いいです。言葉を発するということは息を流すこと。ひと声出せば、ダムが決壊したかのように息が流れはじめます。

② 言いにくい言葉を抜く

これは拙著『緊張しない「最初のひと言」』（Clover出版）にも書きましたが、「大変実行しやすい」と、多くの方から好評をいただいたので本書でもお伝えします。

◎「おはようございます」

「おはようございます」が言いにくければ、あえて「お」を抜いて、「はようございます」という。

◎「お疲れさまです」

「お疲れさまです」の「お」が出てこなければ、「お」を抜いて「疲れさまです」という。

「(お)はようございます」でも「(お)疲れさまです」でも、意味は伝わります。

また、**最初の文字は声が小さかったとしても、だんだん大きくしていきます。**

(例)「はじめまして」

(例)「ごぶさたしております」

出なければ抜けばいいし、出しにくければ出せるくらい小さい音からはじめればいいのです。

無理に声を出そうとすると力が入って余計言葉が出てきません。だから自然に息を流して声を出しやすくします。

人間は息をすることで生命を維持しています。やはり呼吸が基本です。

人前でうまく話せる人は、言い**やすい**言葉からはじめ、言い**にくい**言葉を抜く

7

一生あがらない無敵のメンタル

人前でうまく話せる人は、□を手放す

「私のあがり症、本当に治るのでしょうか……」そんな切実な声をいただくことがあります。

長い間、あがり症に悩み、いろいろチャレンジしても、なかなかうまくいかなかった人。人前で話すたびに緊張で声が震える人。人前に立つこと自体が恐怖な人。そういった人が、「本当に治るだろうか」と不安を抱えるのも仕方ありません。

弊社のあがり症克服セミナーの開催数は、おそらく日本一だと思います。その実績から言います。

あがり症を治す方法は、**「評価を手放すこと」**、これに尽きます。

例えば親友から結婚の報告を受けたとしましょう。あなたはきっと、心の底から「おめでとう！」と言うでしょう。そのとき緊張するでしょうか？　きっと、しないと思います。

でも、結婚式で友人代表の挨拶をするとなれば、話は別です。多くの人に見られていますし、知らない人も大勢います。できれば失敗したくありません。そういうときに限って、準備していたことが飛んでしまったり、声がうわずったりしてしまいます。

親友に「おめでとう」を言うのはいっしょなのに、前者は緊張せず、後者は緊張してしまうのです。

それは、前者がto youなのに対し、後者がto meだからです。

「to you」とは、意識が相手に向いている状態。

「相手のために」「相手のことを思って」「相手の幸せを願い」話すときです。

「to me」とは、意識が自分に向いている状態。

「自分の評価ために」「自分がよく見られるために」「自分の成功を願い」話すときです。

そして、**人は「to you」のときは緊張せず、「to me」のときは緊張します。**

なぜなら、「評価が気になる」「失敗したくない」「よく見られたい」と自分に意識が向いていると、そのto meマインドが緊張を助長させるからです。

だからあがり症を治す方法は、評価を手放すことなのです。**一生あがらない無敵のメンタルとは、to youマインドのこと**です。

でも、こう思いますよね。「それができたら苦労しない」と。確かにそう思います。

誰だってよく見られたいし、ダメな奴だと思われたくありません。

スピーチの世界では、「自我を捨てて、100%相手のために話せ」なんてことが言われますが、それは無理だと思います。私だって、いまだに100%相手のために話せているかといえば自信はありません。

だから、こう考えてみてください。**「少しずつ相手のために話せるようになったらいい」**と。

これくらい肩の力を抜いて、小さなことからチャレンジしましょう。

まずは少人数のミーティングで、自ら手を挙げて発言することから開始する。ミーティングで司会を任されたら、とりあえずやってみる。最初は棒読みでもいいので、大勢の前で発表してみる。乾杯の挨拶を頼まれたら断らずに受けてみる。

また普段の会話も、コンビニの店員さんに、「ありがとうございます」と言ってみる。受付の方に「今日は暖かいですね」と声をかけてみる。交流会に参加して自分から話しかける練習をしてみる。


このように日々の会話を通じて、まずは人目を気にせず話せるようになればいいのです。それで少しずつ相手のために話せる余裕が持てるようになれば最高です。そうやって一歩ずつ、to you マインドにスライドさせていきましょう。

評価を凌駕した先に、本当の伝わる話し方が存在します。

人前でうまく話せる人は、評価を手放す

第3章まとめ

1
人前でうまく話せる人は、本番の**準備**をしつこいほどする

2
人前でうまく話せる人は、「**死ん**でもこれだけは伝える」を決める

3
人前でうまく話せる人は、真の**深呼吸**でリラックスモードに入る

4
人前でうまく話せる人は、パニックを回避する**避難ルート**を決めておく

5
人前でうまく話せる人は、話すペースを**スロー**にする

6
人前でうまく話せる人は、言い**やすい**言葉からはじめ、言い**にくい**言葉を抜く

7
人前でうまく話せる人は、**評価**を手放す

第4章

きちんと伝わる「説明」

1

大事なことを1行で伝える

説明がうまい人は、
相手の□を思い浮かべる

ひと言でまとめることを、「要約」と言います。

要約力がないと、「つまり？」「だから？」「何が言いたいの？」と言われてしまいます。

私は社会人の頃、説明が長すぎて、何度も上司から「つまり？」と話を遮られた経験がありました。だから、「説明が下手でなんとかしたい」という相談をいただくたびに、身につまされる思いがします。

よくわからない話を5分も聞き続けることができる人は、そうはいません。だからこそ、**説明がうまい人は、最初に大事なことを1行でシンプルに要約します。**

おそらく「言いたいことを要約すべし」なんてことは、誰もがわかっていることでしょう。

でも、要約する内容を自分目線で決めている。これが伝わらない諸悪の根源です。

本当に伝わるのは、相手が聞きたいことを要約したときです。

商談の冒頭で、営業担当者がいきなり自社の紹介をはじめます。

「当社はシステム開発の会社です。創業30年の歴史があります。手掛けるサービスはユーザーファーストが前提で、現在行政とタッグを組んでシステム開発をしており……」

一生懸命説明していますが、相手は、「で、何しに来たの？」と、ずっと心の中で思っています。

たとえきれいに要約したとしても、

「本日のテーマはダイバーシティです。これからはチームと個人のパーパスをコネクトすることで、高いモチベーションを維持することが大切になってきます」

これでは意味がわからなすぎて、「何の話？？？」と引いてしまいそうです。

いくら要約しようとも、結論から話そうとも、その内容は自分が決めてはいけません。

本当に説明がうまい人は、まず相手の「顔」を思い浮かべます。

ダイエットについて相談されたとき、「やっぱり食事が9割です」「まずはジムにいきましょう」「有酸素運動を取り入れましょう」などと、多くの人は自分が言いたいことをアドバイスします。

でも、聞き手がとにかく体重を落としたい人なのか、見た目もよくしながら健康的に痩せたい人なのかによって、アドバイスはまったく異なります。

だから、大事なことを1行で伝えるときは、相手が聞きたいことにフォーカスする必要があるのです。

ところが研修などで、「あなたが説明するときに、最初にやることは何ですか？」と質問すると、ほとんどの人が「言いたいことをまとめること」と返答します。「まず相手の顔を思い浮かべること」と答える人はゼロです。

大事なことを1行で伝えるなら、まず、相手の顔、顔、顔、顔、顔。このくらい相手の顔を思い浮かべて、相手が聞きたいことに対して意識を研ぎ澄ますことです。

「来週朝礼でスピーチをすることに。何を話そうかな？」と思ったら、一旦ストップ。「この話は誰が聞くんだっけ？」と、そこから考えます。

「お客様にチラシを配布する。チラシのタイトルはどうしよう？」。このときも、自分がつけたいタイトルを考えるのではなく、まずお客様の顔を思い浮かべます。

「自分のスタンスで押し切る人」と「相手のニュアンスで捉える人」では、伝わるのはだんぜん後者です。仕事の成果に如実に表れます。


何かを説明するとき、数秒相手の顔を思い浮かべる。これをトレーニングだと思って、まずは3カ月くらい実施してみてください。きっと相手の顔を思い浮かべないと気持ち悪くなるくらい習慣になるはずです。

その習慣は、あなたの説明力を格段に引き上げる起爆剤になります。

説明がうまい人は、相手の「顔」を思い浮かべる

2

一番伝わる話の順番

説明がうまい人は、説明のパターンを『相手、内容、[　　　]』によって変える

相手の顔が思い浮かんだら、今度は「何をどの順番で話すか?」を考えます。これは、説明する相手、内容、シチュエーションによって変わります。

今回は、ビジネスシーンで定石と言われる「説明がうまくいく3つの流れ」をお伝えします。

① 時系列で話す

過去→現在→未来という流れで説明するパターン。

自己紹介なら、

【過去】前職はシステムエンジニアの見習いをやっていました
【現在】今はエンジニアとしてソフトウェアを開発しています
【未来】将来はソフトウェア開発のプロジェクトリーダーになりたいと思っています

クレームを伝えるときは、
【過去】昨日、資料が間違っていると、田中商事様から連絡をいただきました
【現在】現在、佐藤さんが詳しい内容をヒアリングしております
【未来】状況がわかり次第、すぐに報告いたします

② 結論から話す

先ほどの自己紹介なら、
【結論】私は将来ソフトウェア開発のプロジェクトリーダーを目指しています
【詳細】そのために今、エンジニアとしてさまざまなソフトウェアを開発しています
【まとめ】開発をまとめるリーダーになれるよう、これからもがんばります

クレームなら、

【結論】田中商事様からクレームがありました
【詳細】資料が間違っていたということで、現在佐藤さんが対応中です
【まとめ】詳しい内容がわかり次第、すぐに報告いたします

③ 大から小で話す

大きな塊から小さな事柄に向けて説明するパターン。これは抽象的なものから具体的なものに、とも言えます。

【大】私の目標について話します
【小】3年後に資格を取り、5年後に起業します

【大】本日は貯蓄型保険についてお話しします
【小】具体的には貯蓄型保険の種類と選び方についてです

どれも説明の基本と言われるような順番です。でも、ただ使っているだけでは不十分。最大のポイントは、**相手によってパターンを変える**ことです。

話し方の習慣は恐ろしいもので、「自分はいつも時系列で話す習性がある」「結論から話すのが得意」「大から小で伝える訓練を受けてきた」というように、誰でも自分が話しやすいパターンを持っていて、いつもそのパターンで説明しようとします。

ここまで読んでいただいた方ならおわかりだと思いますが、自分の好きなパターンで話している人は、一向に説明の腕は上がりません。**説明がうまい人は、説明する相手、内容、シチュエーションによってパターンを使い分けています。**

ときにはパターンを間違えるかもしれません。でも、それも練習です。

まずは、「自分が好きなパターンと、相手に伝わるパターンは違う」ということに気づく。

これだけでも、説明するときの伝わりやすさが抜群に変わります。

説明がうまい人は、説明のパターンを『相手、内容、シチュエーション』によって変える

3

論理的な思考サイクル

説明がうまい人は、『主張→□→論拠』で組み立てる

20代の頃の私は、とにかく「ロジック（論理）」という言葉が苦手でした。論理的に筋道を立てて話すことができなかったからです。

それゆえ、上司から「もっと頭を使え！」「よく考えろ！」と何度も言われ……挙句の果てには「お前の頭は筋肉でできてんのか！」と怒鳴られたこともありました。

でも、そんな私を見かねて、ビジネススクールに通っていた先輩が、**「トゥールミンモデル」**というものを教えてくれたのです。これが私の論理的思考を開花させてくれました。

「トゥールミンモデル」とは、次の3つの思考サイクルを回すモデルです（本来はもっと複雑ですが今回はできるだけ簡単に説明します）。

主張（クレイム）＝あなたの考え、あなたの結論
事実（データ）＝主張や結論の正当性を裏付けする客観的な数字や出来事
論拠（ワラント）＝主張と事実を結びつける理由

例えば、あなたがお酒の飲みすぎを心配されたとします。そのときに、「とにかくお酒を減らしなさい」なんて言われても説得力がないですよね。

そこでこう伝えてみます。

主張：「アルコールの摂取、少し控えない？」
事実：「国立がん研究センターによると、1日あたりの平均アルコール摂取量が69グラム以上で、60％程度もがんリスクが上昇するんだって」
「今、毎日中ビン3本飲んでるでしょ」
「アルコール摂取量は70グラム近いよ」
論拠：「1日1本にすれば、がんのリスクは下がると思うんだ」

「とにかくお酒を減らしなさい！」と言われるより、説得力があると思いませんか。
会社の会議で発言するときも、

主張：「○○業界に参入すべきです」
事実：「SNS上で潜在ニーズが確認できています。でもまだ他社は参入していませんし、
今ならほとんどコストがかかりません」
論拠：「ニーズが顕在化したら一気に他社が参入してきます。今がチャンスです」

何かについて意見を述べる際は、主張：□□□　事実：□□□　論拠：□□□と、空箱を立ち上げて、それを埋めていきます。

主張：「この道を走るのはやめよう」
事実：「先月この道で2件も事故が起きている」
論拠：「見通しがよくないから危ない」

精度が上がってくると、勝手に頭の中に3つの空箱を用意するようになります。

すると、主張だけで事実に該当する客観的な数字や出来事がなかったり、主張と事実を結びつける論拠が希薄だったりということがなくなります。また、人それぞれ思考のクセがあるので、主張、事実、論拠の中で、どれが弱いのかに気づく機会にもなります。

「主張」「事実」「論拠」の3つを使って話すことで、私の説明力は躍進しました。ビックリするくらい、会議で意見が通るようになったのです。外資系コンサルタントともバチバチに議論できるようになりましたし、実績が認められ年間3000億もの予算作成を任されたこともあります。

そして今、ビジネススクールを経営し、あの嫌いだった「ロジック」という言葉を使って、論理的思考や説得力のセミナーを実施しています。

嫌なことや苦手なことも、できるようになれば自分を助ける力になります。

説明がうまい人は、『主張→事実→論拠』で組み立てる

4 YESと言ってもらえるロジック

説明がうまい人は、主張と論拠のつながりを接続詞の「　　」で強化する

「ちゃんと説明しているのに理解してもらえない……」「ロジックを明確にしても却下される……」「なかなかYESと言ってもらえない……」、こういう人も世の中には存在します。言いたいことを明確に主張しているのに、なぜか相手の表情が晴れないケースです。

そんなとき、注意すべき3つの「落とし穴」があります。「自分は説明がうまい」と思っている人ほど、ハマっているかもしれません。ぜひチェックしてみてください。

①前提が合っていない

かれこれ2年、テレビ朝日の番組で、ディベートの審査員をさせていただいております。ひろゆきさんや、ラッパーで有名な呂布カルマさんが、芸能人とディベート対決する番組

ですが、ディベートが強い人は、だいたい**最初に前提をロック**しにいきます。

例えば、「人生で大切なのは愛情か、お金か」、こういうお題で、「愛情」を主張する場合、まず「人生で一番大切なものは家族ですよね」と話の方向性を決めます。これが前提になると、「家族はお金では買えないので愛情が大切」という論が勝ちます。

普段の職場の会話でも、「彼はいい人だ」と主張するとき、「いい人とは約束を守る人」とか「困っているときに手を差し伸べてくれる人」など、いい人の前提が相手と合っていないと相手に納得してもらえません。

備品購入の稟議でも、「3万円くらいは買ってもいいだろう」と思って提案したものが、上司は1万円もかけたくないと思っていたら、その備品に対する前提が合っていないので、いくら購入するためのロジックを明確にしてもYESはもらえません。

前提とは、主張する言葉の意味です。まずは前提が合っているかをチェックしましょう。

②事実が脆弱

「主張はわかった。でも事実が弱い」、そんなケースもよくあります。前項のトゥールミンモデルの通り、「事実」とは主張を裏付ける客観的な数字や出来事のことで、よく「ファクト」と言われるものです。

最近よく「テレビの時代は終わった」という話を聞きませんか？　YouTubeの到来でテレビを見る人が減ったからです。一見、正しそうに聞こえますが、テレビの再放送をいつでも視聴できるTVer（ティーバー）もはじまっていますし、60歳以上はほぼ全員がテレビを視聴しているという結果もあります。

今後、高齢化が進めば、今はスマホでYouTubeを見ている人も、60歳台に突入すればテレビを見るようになるかもしれません。したがって、テレビの時代は終わったとは言い切れません。**主張を裏付ける事実が積み上がっていないと説得力は減退**します。

主張を裏付ける客観的な数字や出来事が積み上がっているかを、検証しましょう。

③論拠が希薄

たとえ主張が明確でも、論拠（理由）が薄いと納得してもらえません。「なんとなく」では、主張は通らないのです。

例えば、職場の人間関係をよくするために、「月に1回、みんなで雑談をする時間を設けませんか」と上司に主張しました。でもその論拠が、「なんで雑談が人間関係をよくするのか？」とつながっていないと採用されません。

論拠を強化する方法が必要ですね。そのためには、**「なぜならば」の口癖を普段の会話に**

足してみることを推奨しています。

「黒毛和牛バーガーを食べよう」↓「なぜならば100万食限定だから」
「週末は映画を観よう」↓「なぜならば仕事のことを強制的に忘れる時間をつくる必要があるから」
「毎日25グラムナッツを摂ろう」↓「なぜならば不飽和脂肪酸が豊富で、乾燥肌の予防やアンチエイジングに役立つから」

漫然と行動せず、理由を明確にするちょっとしたトレーニングです。
相手に納得してもらえるかどうかは、ほんとに紙一重です。ぜひ、今回の3つの落とし穴を確認し、相手から「YES」と言ってもらえるロジックを確立してください。

説明がうまい人は、主張と論拠のつながりを接続詞の「なぜならば」で強化する

5

曖昧な言葉を言語化する

説明がうまい人は、『　　、寄せる、分ける』で言語化する

「どっちの服がいいと思う？」と相談したり、相談されたりすることはありませんか？

このとき、本人は大体どっちにするか決まっていたりするものです。それを選ぶ明確な理由が言葉にできなくて、人に聞いてしまうのです。

また「なんとなく賛成です」や「そのプランでいいような気がします」と曖昧な言葉を使うときも、そう感じる答えはあるのに、うまく言葉にできないときがあります。せっかくそう思う因子があるのに、言語化できないのはもったいないことです。

そこで、想いを言語化する具体的なメソッドを紹介します。


あなたが映画の感想を話すとしましょう。

「あの映画どうだった？」→「まぁまぁおもしろかった」

これだと曖昧ですよね。そのあとの会話も続かなそうです。

そんなとき、以下の３つのどれかで言語化していきます。

①ワンシーンに**絞る**

「ラスト20秒、無音のゴールシーン。そして大歓声。最高に感動したよ！」

②似ているシーンに**寄せる**

「ワンピースの『海賊王になる！』みたいな明快な設定で、とてもおもしろかった！」

③シーンごとに**分ける**

「前半は解説が長いんだけど、後半で全部回収していくから本当に痛快！」

ほんの10秒くらいのトークですが、「まぁまぁおもしろかった」よりも、だいぶ明確になったと思いませんか？

この**「絞る」「寄せる」「分ける」が言語化のポイント**です。

①絞る

食べ物を食べたときに、ただ「おいしい」とだけ言っても、イマイチ伝わらないですよね。そこで、もっと具体的に絞ります。例えば、次のように。

「甘さと酸味が絶妙にマッチしていて最高ですね！」

「味覚」という点に絞れば、「甘い」「酸味」「絶妙」など、**いろいろな表現が出てきます。**

ただの「おいしい」よりも伝わります。

②寄せる

似ているものに寄せると、

「このトマト、まるで桃みたいに甘いですね！」

というように言語化できます。

「見た目がリンゴみたいなトマトですね」

など、**似ているものにたとえると、相手はイメージしやすくなります。**

③分ける

最初と最後に分けるなら、

「最初は酸っぱいんですが、あとからだんだん甘さを感じるんです」と言語化することもできます。

上司が部下にする「もっといいアイデアはないの？」という質問もアバウトで答えにくいです。「いいアイデア」を「今まで誰も触れたことがないものってないかな？」や、「王道だけど全員に必要なものってないかな？」と分けることで、**具体的になります**。

明確な答えが出るかどうかは別として、そのように聞かれると、答える人は考えやすくなるのです。

1点にフォーカスして「絞る」のが得意な人がいます。似ているものにたとえて「寄せる」のが得意な人もいます。話を分解して「分ける」のが得意な人もいます。まずは得意なものを一つピックアップして、実践してみてください。

説明がうまい人は、『絞る、寄せる、分ける』で言語化する

6

語彙力をアップさせる

説明がうまい人は、□語と□語を引き金にして語彙を増やす

ＳＮＳでは、「コンビニで買ったプリン、ちょーヤバイ（語彙力）」「あの選手、まじスゴ（語彙力）」。こんな風に、いい言葉が見つからないときに（語彙力）と添えて表現力のなさを自虐的に発信している人を見かけますが、ここ数年、話し方の世界でも「語彙力」という言葉を頻繁に耳にするようになりました。

ツイッターやインスタグラムでは、ハッシュタグ（＃）がついた「語彙力」という投稿をよく見かけるようになり、本屋さんに行けば「語彙力」「言い換え力」といった本がズラリと並び、ベストセラーも生まれています。

そもそも**語彙力とは、その場の状況や相手に応じて、適切な言葉に言い換える能力を言います。**

何か感想を聞かれて、ただ「よかったです」と述べることも、「ここ1年で最高でした」「心底満足しました」「すごい迫力でした」「感動レベルでした」と、いろいろ言い換えることができます。語彙力が高い人とは、言い換えのバリエーションをたくさん持っている人です。

当スクールでも、

「普段の会話で『ヤバイ！』を連発してしまい、表現力に乏しいと感じます……」

「SNSでいつも同じ言い回しになってしまいます……」

「とっさにうまい言葉が出てきません……」

という声をたくさんいただきます。

でも、皆さんが気づいていないこと一つがあります。

それは、「誰もがすでに、非常にたくさんの語彙を持っている」ということです。

『図説日本語：グラフで見ることばの姿』(角川書店)によると、一般的な人で3万～5万語、教養のある人や知識の多い人は5万語以上、言葉を知っているそうです。つまり私たちは、すでにたくさんの言葉を体内に蓄積しているのです。

当スクールのセミナーに、「カタカナ禁止ワーク」というものがあります。受講生に、普段カタカナで表現していることを日本語で話してもらうトレーニングです。

例えば、「ディスカッションという言葉を使ってはいけません」とします。すると「議論する」「話し合う」「意見を交換する」などのたくさんの言葉が出てきます。

「マスターする」は、「習う」「習得する」「身につける」など、「イレギュラー」は「想定外」「不規則な」「予測できない」などとなります。実際やってみると、いくらでも語彙が出てきます。あなたの蔵には、すでにたくさんの言葉が貯蔵されているのです。

必要なのは、それを短時間で引き出すトリガー、すみません。カタカナを禁止にすると「引き金」ですね。

語彙を取り出す引き金になるのは、「類義語」と「対義語」です。

類義語とは、文字通り同じような意味を持つ言葉。

例えば「かわいい」。この言葉を、他の言葉で言い換えると、「きれい」「素敵」「愛嬌がある」などいろいろ表現することができます。ニアイコールで近いものをあてていきます。

「かわいい」≒「　？　」の公式です。

対義語は反対の言葉です。

試しに「彼は真面目だ」、この対義語を出してみましょう。「彼の不真面目なところを見たことがない」「彼はズボラなところが一切ない」「彼は手を抜くことができない」「彼はもう少し適当さがあってもいい」など。

「真面目」⇕「　？　」の公式です。

語彙力を高めるとなると、「いろいろ言葉を覚えないと……」と思いがちですが、そんなことはありません。あなたはすでにたくさんの言葉を知っています。あとは**ほんの数秒、類義語「似ている言葉は？」、もしくは対義語「反対の言葉は？」を思考するだけです**。これがあなたの脳内をノックして、「あっ！　あの言葉があった」と、語彙をヒットさせてくれます。

説明がうまい人は、類義語と対義語を引き金にして語彙を増やす

7

説明しない説明の技術

説明がうまい人は、□法を使って説明する

もし、あなたの考えを説明しなくても、あなたの案が採用されたらいかがでしょうか。

「そんなことできるの？」って思いますよね。結論、できます。「背理法」を使って。

「背理法」とは、高校の数学に出てくる用語で、「命題が正しくないと仮定すると矛盾が生じるので、やはり命題は正しい」と証明する方法です。

これだけ聞くと、よくわからないですよね。私も数学が一番苦手だったので、「証明」と聞くだけで頭がこんがらがります。

でもこの背理法、ビジネスシーンではよく登場します。

今回はわかりやすいように、簡略化して背理法を解説します。

例えば、自分がXという意見、相手がYという意見で、対立していたとしましょう。

普通なら、自分はXの正しさを説明しますが、背理法の場合は違います。

まずはYという意見に乗っかり、そのあと矛盾を指摘します。

「わかりました。では、Yが正しいと仮定しましょう。そうすると、こんな矛盾が生じますよね。だからXのほうが正しいのではないでしょうか」。こんな論法です。


具体例に当てはめてみると、わかりやすいと思います。

Aさんは、「このプロジェクトは佐藤さんに任せましょう」と言う。

Bさんは、「五十嵐さんに任せましょう」と言う。


この場合、AさんはまずBさんの意見に乗っかります。

A：「五十嵐さんに任せるのもありですね」
B：「ですよね」
A：「ただ、五十嵐さんは、今進行中のタスクを5つ抱えています。五十嵐さんにお願いすると進行に遅れが生じませんか？　それにこれ以上、五十嵐さんにお願いするのは酷ではないかと思うんです」

B：「五十嵐さんにお願いするのは難しいかもしれませんね……」

A：「ここはひとつ佐藤さんにお願いしませんか」

B：「そうしますか」

こんな流れです。

どうでしょうか。Aさんは、五十嵐さんにお願いしたときの矛盾を指摘しただけで、佐藤さんのほうがいい理由を一つも説明していません。まさに**背面の理屈をついたような説明**です。

職場の会話をよく覗いてみてください。

上司が「この仕事は君にお願いしたい」と言う。でも部下は「なんで私が……」と思っている。そんなとき、上司は、「もしこの仕事をやらなかったら、いつまで経ってもこの仕事を覚えられない。だからやるべきだよ」なんて主張したりします。

でも、よくよく考えれば、覚える必要のない仕事かもしれませんし、アウトソーシングしていい仕事かもしれないのです。

これも説明していない説明の例です。

「仮に腕相撲で勝負を決めるとするじゃん。それだと力が強い人が勝つじゃない。だからジャンケンで決めようよ」

実際こんな会話があるかどうかは別ですが、これもジャンケンの正当性は一つも説明していません。

「もし、〇〇したら」と相手の意見に乗っかり矛盾を指摘する。そして自分の考えを通す。そういう説明の仕方もあるのです。

柔軟に、しなやかに、いろんな場面に対応できるように、説明のパターンとして背理法を知っておくと便利です。

説明がうまい人は、背理法を使って説明する

第4章まとめ

1 説明がうまい人は、相手の**顔**を思い浮かべる

2 説明がうまい人は、説明のパターンを『相手、内容、**シチュエーション**』によって変える

3 説明がうまい人は、『主張→**事実**→論拠』で組み立てる

4 説明がうまい人は、主張と論拠のつながりを接続詞の「**なぜならば**」で強化する

5 説明がうまい人は、『**絞る**、寄せる、分ける』で言語化する

6 説明がうまい人は、**類義**語と**対義**語を引き金にして語彙を増やす

7 説明がうまい人は、**背理**法を使って説明する

第5章

思わず納得する「プレゼン」

1

スピーチ力の高め方

プレゼンがうまい人は、話す内容よりも話す［　　］を考える

突然、「スピーチ？」と思われたかもしれません。実は「スピーチ」と「プレゼン」にはものすごく共通する部分があります。

最近、朝礼でスピーチを取り入れる会社が多くなりました。

もし、あなたが明日、会社の朝礼で1分スピーチを行うとしたらどんな話をされますか？

時事ネタ、スポーツの話題、季節にまつわることでしょうか。また偉人の話や、記念日の話でしょうか。なかには、最近自身がハマっていることについて話す人もいるでしょう。

「特に話すことがない」と悩む方もいるかもしれませんね。

と……ここまで言っておいてなんですが、「そもそも、朝礼のスピーチは何のためにするのか？」と思った方はいませんか？　そう、「目的」です。

話す内容を考える前に、話す目的を考える人は非常にスピーチの才覚があります。

朝礼でスピーチをする目的は、企業によってさまざまです。

・学びをシェアしてメンバーの行動に変化を起こすこと
・朝から元気よく仕事が開始できるように活気づけること
・お互いのことをシェアしてチームワークを醸成すること

目的によって話す内容は変わります。

いの一番に目的に意識が向く人は、聞き手に喜ばれるスピーチをするでしょうし、普段のプレゼンでも納得してもらえる機会が多いはずです。本質を理解しているからです。

多くの人は、「次回の朝礼スピーチ、よろしく」と頼まれたら、「何を話そう……」と考えはじめます。当スクールにも「何を話せばいいでしょうか？」と相談に来られる方がいるので、「朝礼スピーチの目的はなんですか？」と聞くと、「……」ということがよくあります。

「いい話がしたい」が先行してしまい、そもそも論の「何のために」がスッポリ抜けてしまうのです。

私も人のことは言えません。

私は和菓子が好きで、よくお土産に買うことがあるのですが、相手に渡したあと、「あ！そういえば○○さん、小豆《あずき》が苦手なんだった」と気づくことがあります。お土産の目的は相手に喜んでもらうことなのに、です。

落ち込んでいる友人を励まそうと開いた飲み会で、結局、その友人の話をまったく聞かずにアドバイスばかりしたこともあります。私も目的を忘れてしまうことがよくあります。

そういった経験から、私は講演の依頼を受けるときにはまず、

「話し終わったあと、聞き手の方がどうなっていたらこの講演は成功ですか？」

と主催者の方に聞くようにしています。

雑誌やＷＥＢ媒体からインタビューを受けるときも、

「読者の方がどうなると最高ですか？」
と最初に確認するようにしています。

スピーチというと、「ちゃんと話さなければならない」「何かいい話をしなければならない」というマインドになりがちです。

でもスピーチは本来、聞き手のためにするものです。だからこそ「何のために話すのか」から思考します。それがわかれば、スピーチは9割終わっていると言っても過言ではありません。

スピーチもプレゼンも、**相手の役に立てると思えた瞬間、自信が湧いてきます。**喜んでもらえる様子がイメージできるからです。

「何のために」の思考が、あなたの話す力を開花させてくれます。

プレゼンがうまい人は、話す内容よりも話す目的を考える

2

大勢の心をつかむ発表の仕方

プレゼンがうまい人は、『主題→□→危機→□』の流れでストーリーをつくる

大勢の前で話すことに長けている人がいます。つい話に引きこまれてしまう人です。

実は、**話がおもしろい人には「共通した話の流れ」があります。**これは話し方の世界だけでなく、昔話や、漫画、映画でも頻繁に使われる流れです。

例えば、シンデレラのお話。

①シンデレラは義理の母と姉にひどい意地悪をされている
②シンデレラの前に魔法使いが現れて舞踏会に参加する
③そこでガラスの靴を落とす

④王子様が迎えにきてハッピーエンド

①「物語がはじまる」→②「大きく動き出す」→③「ピンチが訪れる」→④「結末を迎える」という流れになっています。

これ、学校で習ったあれです。そう「起承転結」。**「起」で話を起こし、「承」で話を動かし、「転」で転開させ、「結」でまとめます。**

ドラえもんなら、のび太くんが困る（起）→ドラえもんが道具を出す（承）→ジャイアンに奪われる（転）→ドラえもんが解決する（結）

もちろん、全部がそうではありませんが、「起承転結」という言葉は16世紀半ばの国語辞典から存在するほど歴史が古く、王道中の王道であることがわかります。

ただ、「起承転結で話しましょう」と言われても、あまりピンとこないですよね。

そこで、こう考えてみてください。

起＝「主題」→承＝「好機」→転＝「危機」→結＝「逆転」

何かの発表やプレゼン、自己紹介や、挨拶などで活用できます。

○商品のプレゼン
主題＝インナーマッスルを鍛えるバランスボールを開発しました
好機＝コロナ禍の巣ごもり需要でかなりヒットしました
危機＝ところが、次第に需要が減退し在庫の山を抱えました
逆転＝最後の望みで、知人のってで介護施設に紹介してもらったところ、これが爆発的にヒットして、テレビにも取り上げられたんです！

○自己紹介
主題＝私は自称「健康オタク」です
好機＝加工食品を摂らなくなってから、ものすごく健康でストレスも感じなくなりました
危機＝実は以前、ジャンクフードの食べすぎと、仕事のストレスで倒れてしまい、緊急搬送されたことがあったんです
逆転＝それがきっかけで、食事を徹底するようになり、今では体年齢が10歳も若返りま

した

○結婚式の友人の挨拶
主題＝ご結婚本当におめでとうございます
好機＝新郎は本当に新婦一筋の人間です
危機＝ただ、やましいことがあると鼻の穴が膨らむ癖があるので注意してください
逆転＝でも安心してください。新郎にやましいことはありません。私が保証します（笑）

４つのパートに当てはめてみると、そこに物語が展開されます。ドラマなんかを見ていると、あっという間に時が過ぎたりしますが、ストーリーは人を没頭させます。夢中になれる感覚になるのです。ぜひ「主題→好機→危機→逆転」からストーリーを生み出してみてください。

プレゼンがうまい人は、『主題→好機→危機→逆転』の流れでストーリーをつくる

3

プレゼンを成功させるゴールデンパターン

プレゼンがうまい人は、相手の□を確認し、提案し、比較検討してもらう

プレゼンを成功させるには定石があります。

それは、あなたの提案が、相手が期待する価値を上回ることです。期待する価値とは、内容、金額、効能、すべてひっくるめたものです。

過去の私は、「この商品はすばらしいです！」「絶対この仕組みを社内に取り入れるべきです！」と、本気で伝えれば、提案は必ず通ると勘違いしていました。まさに気合と根性で押し切るプレゼンです。自分が話したいことの延長線上に相手のＹＥＳはありません。

私は何千回とプレゼンを行い失敗してきましたが、**「自分が話したいことにウエイトを置くとプレゼンは確実に破綻する」**、これが最大の気づきでした。

プレゼンで成功する人は、成功するパターンを持っています。

ステップ①：相手の「期待」を確認する
ステップ②：それを上回る「提案」をする
ステップ③：①と②を「比較検討」してもらう

流れは簡単ですが、実現しようと思うとなかなか難しいものです。特に②です。「相手の期待を上回る提案なんて難しい……」、私も最初はそう考えていました。
でも、ここがプレゼンのミソです。多くの人は②に注力しますが、本物のプレゼンターは①「相手の期待を確認する」に9割の力を注ぎます。

お医者さんの例が、わかりやすいかもしれません。
例えば、あなたがずっと胃の調子が悪かったとします。ときどき、みぞおちのあたりに激痛が走ります。「何かの重い病気では……」と心配になり、お医者さんに診てもらいました。

その診察が「はい、わかりました。じゃ、胃薬出しておきますね」と1分で終わったら、何も話を聞いてもらえないと感じ、すごく不安になるのではないでしょうか。

でも、5分だけでも詳しく症状を聞いてもらえたらどうでしょう。それだけで心がフッと軽くなると思いませんか。

別に心を軽くしてもらうためにお医者さんへ行ったわけではないのですが、「診察してもらい、適切に処方してもらい、話まで聞いてもらい、心配が減少した」、これが相手の期待を上回るということです。

話を聞く時間が1分でも5分でも、提案する薬はいっしょなのに、です。

話を聞いてもらうだけで心が安らぐ。これを心理学では、カタルシス（浄化）効果と言います。

話を聞いてもらえれば、自分がモヤモヤしていることを言語化して伝えようとします。そうすることで、自分の期待がより明確になります。

これは、ステップ①の「期待を確認する」を深いレベルで相手が行ってくれたからです。

そしてその相手は、「期待をいっしょに叶えましょう」と励ましてくれるわけです。勇気が湧いて当然です。

プレゼンの成否は、この時点ですでに決まっていることが多いです。

結婚式の会場を決める際、ウエディングプランナーの方がものすごく真剣に話を聞いてくれたので、結局予算はオーバーしたけれど、大変満足のいく結婚式になった、なんて話をよく聞きます。高級な料亭で、いろいろ希望を聞いてもらい、オススメを提案してくれたので、いつもよりかなり高額だったけど、楽しい時間を過ごせたということも。

期待の確認を全力で行う。そして、共通の認識にたどり着く。本来それをなくして提案してはいけないのです。

何かを提案するということは、困っている人を助けるということです。**「真に困っていることは何か？」「本当はどうなりたいと思っているか？」、相手の期待を明確にするのがプレゼンの不文律です。**

プレゼンがうまい人は、相手の期待を確認し、提案し、比較検討してもらう

4

聞き手を魅了する声の出し方

プレゼンがうまい人は、テンポ、キー、□に変化をつける

「説得力を出したいときは、ゆっくり低い声で」

「元気よく話したいときは、いつもより高い声で」

と、プレゼンの声の出し方にも諸説ありますが、聞き手を魅了する声の出し方は、結局はケースバイケースです。

聞き手の状況やその場のシチュエーションに応じて、声の出し方は変わるからです。一概には言えません。


ただ一つ、これだけは確実に言えます。それは**「変化がないと飽きられる」**ということ。

よく例に出すのがお経です。あくまでも、お経自体が悪いということではありません。

ただ、あのような一定したリズムで声を出されると、だんだん眠くなってきます。変化がないからです。

プレゼンでも聞き手を眠らせてしまったら最後、もう聞き手の意識が戻ることはありません。

名プレゼンターと言われる人の中には、同じようなペースで深々と語る人もいます。しかし、本当に伝えたいことを語るときは、必ず息の量が増えます。語気も強まります。これが変化になって惹きつけられるのです。

反対に、ものすごく元気のいい話し方をする人も、ときどき切なそうな声で話します。それが深々と伝わってくる演出になります。

とびきりおいしいものを食べたときは、自然に「うま！！！」って声が出たりしますよね。

感情がこもると、自然に声が変化します。

ただ、いきなり「感情移入して声に変化を」といっても、難しいです。だから最初は、テクニック的にでも、変化を起こすことをオススメします。

テクニックとは、話すときの、

①テンポ
②キー
③アクセント

です。

テンポとは速く話したり、ゆっくり話したり、といったスピード。
キーはドレミファソラシドの高さ。高いキーで話したり、低いキーで話したり。
アクセントは強さ。ここだけは絶対に伝えたいというところは強く、それ以外は弱く。

この3つをそれぞれ変えながら話します。

最初は、話すことを文章にして、「速く」「遅く」／「高く」「低く」／「強く」「弱く」と、その部分をメモしておくとわかりやすいでしょう。

普通は自分に制御がかかっていて、思っているほど変化が出せていません。だから、少しやりすぎぐらいで、聞き手はちょうどいい変化を感じます。

変化をつけて話していると、徐々に感情移入して話せるようになります。これは決して希望的観測ではありません。笑顔でいると、自然に心が明るくなることがあります。おもしろくなくても、笑っていると本当におもしろくなることだってあります。

これを行動療法と言います。行動することで本当に心が変わってくるのです。**「変化をつけて話していると勝手に感情がこもってくる」**、これもまた真なりです。

いきなり自分の「声質」を変えるのは難しいです。でも「声の出し方」なら、意識すればすぐに変えることができます。自然に感情移入できるようになれば、あなたの話し方は必ず覚醒します。話すときのオーラも迫力も一気に変わります。

プレゼンがうまい人は、テンポ、キー、アクセントに変化をつける

5

共感されるストーリー

プレゼンがうまい人は、語尾に「　　」をつけて共感を生み出す

どんな映画にも必ず主人公が存在します。その主人公の葛藤や決断、失敗や成功が共感されるストーリーをつくり出します。

実はプレゼンでも、共感されるストーリーを語るときは主人公が必要です。

その主人公はあなた……ではありません。プレゼンの主人公は、「相手」です。つまり聞き手。聞き手を主人公にした物語を展開することが、プレゼンで共感を得るビッグポイントです。

少し言い方が悪いかもしれませんが、**ある設定を用意して、その設定に相手を引きずり込む。そうすることで、相手の共感を生み出すことができます。**

プレゼン界のレジェンドといえば、通販番組でお馴染みの株式会社ジャパネットたかた。通販で商品を販売し、長崎県佐世保市に本社がありながら、なんと年商2000億円を売り上げています。

やはりトークは秀逸です。

例えば、タブレットを販売するケース。番組を見ている人はシニア層が多いため、「このタブレットの機能は……」なんて細かい説明は一切しません。

それよりも、まず設定を用意します。こんな風に。

「冷蔵庫にじゃがいもが大量にあったら、どういうレシピがいいのか困りますよね？」

「そこでタブレットの登場です。音声ボタンをおして『じゃがいもレシピ』と言うと、大量のレシピが出てきます」

空気清浄機をプレゼンするときも、

「最近、鼻がムズムズしませんか？」

「PM2・5が気になりませんか？」

と、まずは共感される設定を用意します。そこに相手を引き込みます。

私も小さい頃、よくジャパネットたかたの番組を見ていましたが、まったく必要ない枝切りバサミすら、だんだんと興味が湧いてくるから不思議です。

次に、YouTube大学でお馴染みの中田敦彦さんが、拙著『雑談の一流、二流、三流』（明日香出版社）を紹介してくださったときの冒頭トーク。

「コミュニケーションといえば、皆さん一大事ですよね？」

「コミュ力ないんだ……、私コミュ障なの……、って思っている人も多いですよね？」

「コミュ力のキーは雑談なんです。雑談に力なんて必要なのか？　って思いますよね？

実はこれがおもしろいんです」

「よね？」と言われると、コミュニケーションについてそこまで考えたことがなかった人も、「そういえば」「言われてみると」と想像してしまいます。私はこれを**「よねの法則」**と言っています。

売れる人は、「ああしましょう！」「こうしましょう！」なんて指示や命令みたいなプレゼンはしません。設定をつくって、相手を引き込んで、いっしょに肩を組んで歩んでいく。そんなフレンドリーなスタイルです。

プレゼンで共感されるストーリーは3つのステップでつくります。

①相手を主人公にした設定を用意する
②困難な場面を想像させる
③それをいっしょに解決していく

物語がドラマチックなほど、聞き手は燃えてきます。

プレゼンというと、一方的に提案したり、何か買わせようとしたり、そんな意識が働くかもしれませんが、本来それは必要ありません。**プレゼンとは、相手と共に歩む行為だからです。**

プレゼンの上段者は、それがわかっているからこそ、最初に共感をつくります。そして好感を得ていきます。

聞き手が「無理やり動かされる」のではなく、「自然に動きたくなる」のが本物のプレゼンです。

プレゼンがうまい人は、語尾に「よね？」をつけて共感を生み出す

6

パンチラインで記憶に残す

プレゼンがうまい人は、印象に残るたった一つの□を決める

「この曲のフレーズ、ずっと覚えている」みたいなものがありませんか。

パンチラインとは、曲などで印象的だったり衝撃的だったりするフレーズや言葉を言います。

私は、なかなか結果が出ないとき、SMAPの『世界に一つだけの花』のサビを思い出します。あなたも、あるフレーズを聞くと失恋したときのことを思い出したり、友人との楽しい思い出を回想したりすることはないでしょうか。

やはりアーティストはすごいですね。何年経っても、私たちの頭の中にフレーズを留めておく力をもっています。

さて、本題です。

プレゼンでも、相手の中にパンチラインを残せたらいいですよね。**印象的だったり、衝撃的だったりして、ずっと覚えているフレーズや言葉**です。

そのときは契約に至らないかもしれませんが、プレゼンの内容がいつまでも記憶に残っていれば、後日契約になることもあります。たとえ相手が契約しなくても、相手を介して紹介が生まれるかもしれません。

相手の頭の中にパンチラインを残す方法は、至ってシンプルです。

「たった一つ、相手の頭の中に単語を残すとしたら？」を掘り下げることです。

話がうまいと思っている人ほど、いろいろしゃべりすぎて、何も記憶に残せません。

「私は税理士をしておりまして、会計処理から資金調達までワンストップで行っています。あと社員さんの保険関係もお任せください。さらに、社員教育も実施しておりますので……」

と、いろいろできそうですが、結局何が特長なのかわからないので記憶に残りません。

「当社は創業時、WEB広告を専門としており、10年前から制作会社に移行して、現在はアパレルメーカーとして活動しています」

このように「最初の話いる？」みたいな会社説明をされる営業の方もいます。これでは、結局何を提案されているのかわからなくなります。

面接も、ある意味プレゼンです。

まずは、「面接官に何という単語を残すか？」これを決めます。どんな人として認識してもらいたいかを考えるのです。

「突破力」「忍耐力」「明るさ」「愛嬌」「親しみやすさ」「忠実」、人によってさまざまですが、とにかく無味乾燥で何の特長もないというのが一番記憶に残りません。

特長がない人は、キャラが立っていないのではなく、そもそも設定していないのです。

「今度はじめてのデートなんです……」と相談をいただくことがあります。これも自分をプレゼンする機会です。

デートのあと、相手にどんな単語を残したいですか？

「優しい」「安心できる」「楽しい」「おもしろい」、を予め決めます。これは第2章の「忘れられないキャッチコピー」でお伝えした通りです。

一つの単語に絞ると、相手も意識しやすくなります。

「あのスイーツ店は、ティラミス、ロールケーキ、プリン、ミルフィーユ、マカロンがおすすめで」

　このように言われると、いろいろありすぎて覚えられません。

「あのスイーツ店は、ティラミスの王様と言われています」と紹介されたほうが、記憶に残ります。すべておいしいかもしれませんが、ティラミスだけ尖らせたほうがささります。

「たった一つ、相手の頭の中に単語を残すとしたら何か」を決めてフルスイングで伝える。

この感覚を持つとプレゼンの記憶への残り方が大胆に変わります。

プレゼンがうまい人は、印象に残るたった一つの単語を決める

7

自信があるように見えるテクニック

プレゼンがうまい人は、自信がありそうな□、目線、顔をつくる

世の中には「自信がある人」と「自信がない人」の2通りのタイプしか存在しないと思っていました。

ところが、数々のプレゼンを見てきた中で、もう1タイプ存在することがわかりました。

それは、「自信はないけど、自信があるように見える人」です。

私はこれまで、人前で上手に話をする人に、

「なんでそんなに堂々と話せるのですか？」

とよくインタビューをしてきました。

すると驚くことに、

「メチャメチャ緊張していました」

「こう見えて実は手汗ビッショリです」

「まだ足が震えています」

そんな回答をする人が多いことに気づきました。

臆病なので、すごく準備をすると言います。それでも自信が湧いてこないから、自信があるように見えるスキルも磨くと言うのです。

だから自信がなくても自信があるように見えるのだと合点がいきました。

「自信がないことは、自信がなさそうに話さなければいけない」と思い込んでいる人もいるかもしれませんが、**自信がないことを話すのと、自信がなさそうに話すのは、まったく別次元の話です。**どっちみち話すのなら、自信があるように話してもいいわけです。

それがわかると、実際にやれることが見えてきます。

①自信がありそうな姿勢

自信がなさそうに話す人の姿勢は、猫背で肩が内旋しています。

内旋とは、よく「巻き肩」と言われるもので、デスクワークをしているとどんどん肩が内側に入っていくので注意しましょう。姿勢を正し、肩を外側に開くだけで立ち振る舞いが一気に変わります。

②自信がありそうな目線

自信がなさそうに話す人の目線は、常に下です。手元の資料を見ながら、ずっと話している感じです。

自信がありそうな人は、目線を広く使います。具体的には**「Z目線」**です。奥の左から右に目をやり、そして手前の左から右へ。また奥に戻り左、右。まるで目線でZの文字を書くかのように話します。これだけで会場全体を見渡しながら、大きく優雅に話している印象になります。

③自信がありそうな顔

自信がなさそうな人の顔は、眉毛の先端が下に向いていて、頬の筋肉が下がっており、口角が垂れ下がってい

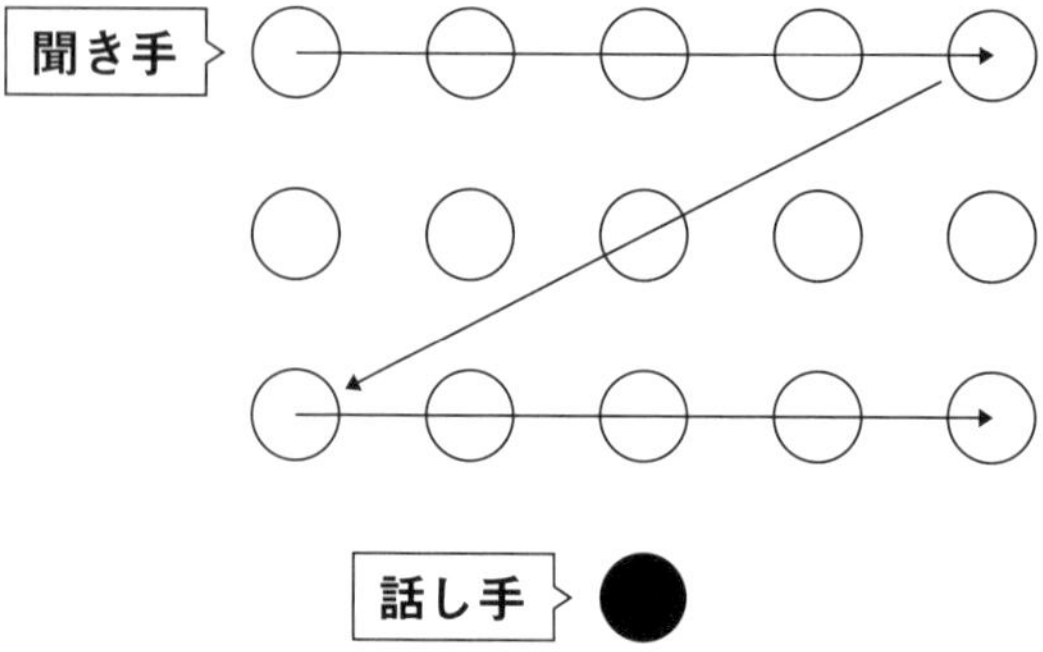

る状態です。

自信がありそうな表情とは、全体的に上に引き上げられている顔です。

顔の筋肉は30種類以上あると言われます。すべてを意識するのは不可能です。そこで、プレゼンするときはたった一つだけ口の開け方を意識してください。

口が大きく開いていると勝手に表情が引き上がります。口が大きいことで有名な篠原涼子さん、吉田美和さん、香取慎吾さんなどは、とっても元気な印象ですね。最低でも前歯が６本見える状態で話してみましょう。

以上、自信があるように見えるスキルを３つ紹介しました。

自信がないことでも、実験だと思って、自信があるように話してみてください。一説によれば、人間の細胞は90日で入れ替わると言われます。３カ月くらい腰を据えてやってみると本当に自信が湧いてくるかもしれません。

プレゼンがうまい人は、自信がありそうな姿勢、目線、顔をつくる

第5章まとめ

1 プレゼンがうまい人は、話す内容よりも話す**目的**を考える

2 プレゼンがうまい人は、『主題→**好機**→危機→**逆転**』の流れでストーリーをつくる

3 プレゼンがうまい人は、相手の**期待**を確認し、提案し、比較検討してもらう

4 プレゼンがうまい人は、テンポ、キー、**アクセント**に変化をつける

5 プレゼンがうまい人は、語尾に「**よね?**」をつけて共感を生み出す

6 プレゼンがうまい人は、印象に残るたった一つの**単語**を決める

7 プレゼンがうまい人は、自信がありそうな**姿勢**、目線、顔をつくる

第6章

気まずくならない「伝え方」

1

意見が違う人と上手に会話する

気まずくならない人は、
相手を［　　］しながら自己主張する

これは私の体験談です。

私が企業勤めしていたとき、違う部署に本当に嫌いな人がいました。その人とは、どんな内容でも1ミリも意見が合わず、ときには誰かが止めに入らなければいけないほど口喧嘩をしていました。お互いの顔を見ただけで反論したくなるような、そんな関係性だったのです。

私は「これはよくない……」と思い、まずはその人の話をじっくり聞くようにしました。会議ではひと言も口を挟まず、ひたすらその人の言うことに頷いたのです。すると、さらにストレスが溜まり、おかしくなりそうになりました。そして、また口喧嘩が続くようになり……。

結局、その人は会社を離れ、別々の道を歩むことになりました。

今思えば、当時の私は本当に未熟でした。自分が言いたいことを相手にぶつけることしかできない、限定的なコミュニケーションを取っていたのです。

これまでさまざまな研修を開催させていただく中で、コミュニケーションの取り方は人それぞれ違うことがわかりました。

大きく4つのスタイルに分かれます。

①攻撃スタイル：自分は傷つかない・相手は傷つく

相手がどう感じようが、自分が言いたいことをストレートにぶつけるタイプの人です。

このコミュニケーションは、怒りの矛先を相手に向けて、相手を打ち負かそうとする類いのものです。当時の私は完全にこれでした。

②沈黙スタイル：自分は傷つく・相手は傷つかない

攻撃スタイルとは真逆で、黙って何も言わないタイプの人です。

言いたいことがあっても、ひたすら我慢します。相手は傷つかないですが、自分がボロボロになります。これで苦しんでいる人も非常に多いです。

③ 嫌味・陰口スタイル：自分も相手も傷つく

これは受動的攻撃とも言います。ボソッと嫌味を言ったり、相手にわかるようにため息をついたり、その人がいないところで陰口をたたいたり、悪い噂を広めたり。積極的には攻撃しないけど、チクリと消極的に攻撃をしかけるタイプの人です。

やられたほうは気分がよくないですが、実はしているほうも気分がよくありません。悪口を言ったあと、なんだかずっとモヤモヤしたり、イライラしたりすることがあるからです。

またそれを聞いている周りの人も気分が悪くなって、人が離れていくこともあります。

結局、相手も自分も傷つけることになります。

④ 「アサーティブ」スタイル：自分も相手も傷つけない

私に足りなかったのはこの4つ目のスタイルでした。

アサーティブなんていうと難しそうですが、言い換えれば、**相手を「尊重」しながら、自**

己主張することです。これが最高のコミュニケーションです。

相手のことをしっかり考えた上で、キッチリ言いたいことを言う。これは良好な人間関係を形成するために、本当に大事なポイントです。

研修では「アサーティブコミュニケーション」という言葉が頻繁に使われます。

人間、意見が一致していれば揉めることはありません。揉めるのは意見が違うときです。人それぞれ考え方は違うので、意見が違うなんて当たり前です。ただ、このときにアサーティブを発動しないと、激しいバトルになってしまいます。

では、具体的にどのような会話を行うといいでしょうか。

次項より詳しく解説していきます。

気まずくならない人は、相手を尊重しながら自己主張する

2

相手を怒らせずに自分の主張を通す

気まずくならない人は、アサーティブ要素を□に伝える

前項でも述べたように、意見がいっしょであればケンカになることはないと思いますが、問題は違うときです。まさに主張が対立するようなケースです。

例えば、「私はA案を推したいが、相手はB案がいいと思っている」というように意見が違う場合。また、「こんなことを言ったら、相手が気分を害するかもしれない」「こんなことを頼んだら、相手に嫌がられるかも」と躊躇してしまうような場合です。

ここから、アサーティブスタイルの具体的な会話の流れを解説します。

「アサーティブとは相手を尊重しながら、自己主張すること」ですが、相手を尊重するといっても、普通人間は自分が言いたいことを先に思いつきます。だからその流れに逆らわ

ず、まずは持論から考えます。

相手を怒らせずに、あなたの主張を受容してもらうステップは、以下の通りです。

ステップ①：持論を考える
ステップ②：相手を尊重する言葉を考える
ステップ③：②→①の順で相手に伝える

ステップ①：持論を考える（例）
「今期は予算が厳しいので、コストが抑えられるA案でお願いしたい」
「会議が終わったあとも、ちゃんと椅子を整えてから会議室を出るようにしてほしい」
「来週月曜日までに議事録をまとめてほしい」
「発表するときの、『え〜』という言葉のクセをやめてほしい」
「明日までにアイデアを5個出してほしい」

ステップ②：相手を尊重する言葉を考える（例）
・［承認］「確かにB案は非常に斬新だね。今までにない発想ですごくおもしろいよ」

・［感謝］「いつも会議の準備をしてくれて本当にありがとね」
・［謝罪］「お忙しいところ本当にごめんね」
・［改良］「お話ししてくれた内容が本当にすばらしかったので、さらによくするために一つだけお伝えしてもいい？」
・［補填］「今回はクオリティを求めないので」

ステップ③：②→①の順で相手に伝える

ただ単純に「A案でお願いしたい」と言われるのと、

「確かにB案は非常に斬新だね。今までにない発想ですごくおもしろいよ」

と承認された上で、

「今期は予算が厳しいので、コストが抑えられるA案でお願いしたい」

と伝えられるのとでは、相手が感じる印象はまったく違います。

いきなり、「発表するときの、『え〜』という言葉のクセをやめてほしい」と指摘されるより、「お話ししてくれた内容が本当にすばらしかったので」とさらによくするためのアドバイスという伝わり方のほうが受け入れやすいです。

突然「明日までにアイデアを5個出して」なんて言われたら急すぎてビックリしますが、「今回はクオリティを求めないので」と先に補填してくれれば、「とりあえず考えてみるか」となりそうです。

相手を尊重する5つの要素、「承認」「感謝」「謝罪」「改良」「補填」を先に伝えて**相手の意見、状態、気持ちを考慮した上で、持論を展開する。**これが相手を尊重した会話の流れです。

いろいろアサーティブな言い方をお伝えしましたが、言いたいことはこの一点。

自分の**主張を通したいなら、相手の立場を重んじること。**

これが「相手を尊重しながら自己主張する」根幹です。

気まずくならない人は、アサーティブ要素を先に伝える

3

言いにくいことをハッキリ伝えるコツ

気まずくならない人は、「相手の意見を［　　］える」を極める

言いにくいことを伝えるには、コツがあります。

例えば上司から、「今はテレアポの時代だ。ガンガン電話して見込顧客とアポイントを取れ〜！」と大号令があったとしたら。もちろん業種によってはアリだと思いますが、今はリモートで在宅勤務をしている人も多いので、電話をしても会社に担当者がいないなんてことはザラにありますし、そもそも迷惑がられます。

ですから、「電話よりも、メールやお問合せフォームから一斉にメッセージを送付したほうが早いのでは？」と思う人もいるでしょう。ただそれをそのまま上司に言うと、怒りだすかもしれません。

言いにくいことでも、ハッキリ伝えないといけない場面は多々あります。このとき、どのように話せば気まずくならないか。これもアサーティブコミュニケーションを駆使していきます。

ここでは、言いにくいことをハッキリ伝えるコツを2つ紹介します。

① 否定を肯定でサンドする

「部長、今どきテレアポなんて、時代錯誤です」と言ってしまうと揉めそうです。内容を否定されるだけでなく、相手は自分が否定されたような感覚を覚えるからです。

そこで否定を肯定で挟みます。

肯定：「部長、ぜひ積極的にアポイントをとっていきたいと思います」
否定：「ただ、最近在宅勤務されている方が多いと思うので、電話以外のほうがいい気がします」
肯定：「お問合せフォームから連絡を入れるというのはいかがでしょうか？　アプローチできる数も圧倒的に増えますし」

このように、**「肯定→否定→肯定」の順番で伝えます**。ずいぶん言い方がマイルドになったと思いませんか。ハンバーガーのように、ハンバーグをバンズで挟む感覚です。クッションができて相手へのダメージが減少します。

何か指摘する場合でも、前後を肯定的な文言で挟みます。

×「昨日が締め切りの資料、まだ送ってもらっていないですが、いつになりますか？」

○「いつもご協力いただきありがとうございます。昨日が締め切りの資料、進捗はいかがでしょうか？　もし、何かサポートできることがあればおっしゃってください」

② 踏まえるを極める

日常生活で、意見が合わないことはたくさんあります。育った環境やこれまでの経験、価値観もみんな違うので当然です。むしろ違うからこそ、新たなアイデアが生まれたり、違うところを補い合って絆が深まったりするのです。

それなのに、**相手の意見を踏まえない人は、すぐに「そうじゃなくて」「違う」「間違ってる」と相手の意見をシャットアウトします**。すると一触即発の空気になります。

相手の意見を踏まえる人は、次のように伝えます。

「○○さんのお話は**理解**しました。それでも私はこう感じます」
「○○さんの意見を**考慮**した上であえて言いますが、私はこう思います」
「○○さんの考えを**念頭**に置きつつも、私はこのように考えます」

「理解」「考慮」「念頭」、これは全部、相手の意見を踏まえるワードです。それを伝えた上で、自己主張をしています。**「踏まえる」を極めると、相手を傷つける機会が圧倒的に減ります。**相手は受けとめてもらえたと感じるからです。

ちょっとした言葉の選択と言い方、そういった細部に気配りできる人が、相手に安心を与え、良質なコミュニケーションを育んでいける人です。

気まずくならない人は、「相手の意見を踏まえる」を極める

4 話が噛み合わない人への論点整理術

気まずくならない人は、本質的な［　　］を問う

議論をしていて、「なんとなく話が噛み合わない……」「無理やり納得させられている感じがする……」「一見、正しそうに聞こえるけど理解できない……」、そんなモヤモヤした経験はありませんか？　話がうまい人は、あの手この手を使って、あなたを説得してくるかもしれません。そんなときもバチバチにやり合うといい議論にはなりません。

まず、正論っぽく聞こえるときに、相手がよく使う論法を把握しましょう。

有名なものが3つあります。

① 過度な一般化

「彼は前回ミスをしているからね。今回は任せられないよ」

これは、たまたま前回ミスをしただけかもしれません。そのときだけは何か特別な事情があったのかも。それなのに「任せられない」なんて言いきれません。

こうやって1つの事例をもって一般化するやり方です。

②極端な歪曲化

「営業でタクシーを使うときは、事前に連絡していただくことになっています」という注意に対して、「タクシーを使うなって、それじゃ商談に遅れてもいいってことですか」

別にそんなことは言ってないのに、主張を捻じ曲げることを歪曲化と言います。歪曲させることを論点ずらしと言ったりもします。

③白黒の限定化

「在宅ワークと出勤なら、在宅のほうが効率的じゃないですか」

白黒のように「在宅」と「出勤」のどっちかハッキリさせようとするやり方です。

人間はいろいろ考えるより、選択肢から選ぶほうが頭を使わなくて済みます。それを狙って無理やり選択させる論法です。

これらを心理学で「認知の歪み」と言います。歪んでいるから、モヤモヤしてスッキリしないのです。そんなときにやるべきなのは、論点を整理することです。論点とは「本当に話し合うべき問題」のことを言います。つまり、**本質的な「問題」を問う**ことです。

「彼は前回ミスをしているからね。今回は任せられないよ」
↓「前回はなぜミスをしたんですかね？」

任せられないと決める前に、原因を探るほうが優先です。業務の振り方に問題があるのかもしれませんし、周りのサポート体制に不備があるのかもしれません。

「タクシーを使うなって、それじゃ商談に遅れてもいいってことですか」
↓「そうではありません。ルールを守るか、ルール自体を見直すか、いっしょに考えませんか？」

このように、本当に考えたいことを伝えます。

「在宅ワークと出勤なら、在宅のほうが効率的じゃないですか」
↓「まず効率の定義を決めませんか？」

何をもって効率的というか、それによって結論が変わってきます。

こんな感じで、**本当に話し合うべきことを、ただ問う。**

「話し合うべき問題なんてわからない……」という方もいると思います。その場合は、「すみません。本当に解決しなくてはいけない問題がわからなくなりまして……まずそこから話し合いをさせていただいてもよろしいでしょうか？」

「申し訳ないです。そもそも論点は何でしたっけ？」

というように**相談という形で問えばいい**のです。そうすれば無理に納得させられることはなくなります。

相手の主張のおかしいところを暴くのではなく、相手の意見を裁くのでもなく、正しく問う。論点を整理すると、同じ方向性にセットアップできて建設的な議論になります。

気まずくならない人は、本質的な問題を問う

5

ミスをチャンスに変える謝罪

気まずくならない人は、相手の□を超える謝罪をする

世の中には、ミスをしても謝れない人が一定数います。ミスをしても悪くないと思っている人、そもそもミスに気づいていない人です。

提出物の期日を遅れても謝罪しない人、資料のミスを指摘されても何の謝罪もなく再送してくる人、「前の予定が押して少し遅れます」と謝罪なく打ち合わせに遅れてくる人。このような人たちは本当にもったいないと思います。なぜなら、**謝罪することは相手から好印象を得るチャンス**でもあるからです。

それを理解するために、まずは謝罪を求める側の頭の中を覗いてみましょう。

「ミスをしたんだから謝ってほしい」

「ミスをされたことで余計な時間を奪われた」

「謝罪がないと反省の色が見えない」

「また同じ過ちを繰り返しそうで怖い」

「謝罪がないとナメられている感じがする」

このようにさまざまな感情が入り交じっています。


それなのに、「申し訳ありません」のひと言がないと、「謝罪がないということは理解していないのかな」と不安を抱いたり、「もしかして人の話を全然聞いてないの！」と怒りまで湧いてくることがあります。


一方、しっかり謝罪をされたら、相手の気持ちはどうでしょう？

ミスをしたことへの謝罪、余計な時間を取らせてしまったことへの申し訳なさ、心配をかけてしまったことへの配慮、そして次回への改善意欲が伝わってくれれば、相手の不満はすべて解消されます。**怒りどころか満足感すら得ます**。


進捗報告を例にするとわかりやすいと思います。「あの件、どうなってますか？」と聞かれたときに、「こうなってます」とただ返答する人と、相手を心配させてしまったことに配慮して、「あの件ですね、連絡しておらず申し訳ありません」と、ひと言謝罪できる人では、どちらが気持ちよく感じるでしょうか？

相手の気持ちに配慮した後者だと思います。このように謝罪することで相手に好印象を与えることもできるのです。

さらに、**相手の「想像」を超える謝罪ができる人は、もっと好感度が上がります。想像を超えるとは、相手はまだ求めてないけど、相手に配慮して先に謝罪できるレベル**です。

簡単な例では、「それはどういった意味でしょうか？」という質問に対し、「説明がわかりづらく申し訳ありません」と自然に言える人。

相手に何か聞くときに、「お時間を取らせて申し訳ありません。一つ質問してもよろしいでしょうか？」と相手の時間に配慮できる人。また、帰りが遅くなってパートナーを心配させたなら、「仕事だから仕方ないだろ！」ではなく、「心配させてごめんね」と言える人。

このように**相手を気遣い、相手を立てて謝罪するから好感を持たれる**のです。

私がセミナーをするとき、冒頭に「申し訳ありません。最初に一つお願いしたいことがあるのですが……」と、受講生に謝ることがあります。そして、「お一人ずつ、自己紹介をお願いします」と続けます。

いきなり「では、順番に自己紹介を」と言われるとドキッとしますが、謝罪してから自己紹介をお願いすると、「な～んだ、自己紹介か」とホッとされるようです。もっと難しいことをお願いされると思うんですね。

毎回ペコペコ頭を下げてほしいということではありません。

本質は「相手への配慮」です。一流は、相手のために謝ることができます。

そこまで自分のことを考えてくれている人を、人は「器の大きい人間だ」と感じるのではないでしょうか。

気まずくならない人は、相手の想像を超える謝罪をする

6

ケンカになりそうなときの対処法

気まずくならない人は、ロジックより相手の［　　　　］を優先させる

時として、論理的に話すことが邪魔になることがあります。

「忙しくて手がまわりません」→「それは効率が悪いからではないでしょうか？」

「メールが届いていません」→「昨日の15：00に送付しています。何か設定がおかしいのではないですか？」

「○○さんの態度、あれ腹立つよね」→「そんなこと気にしてもしょうがないのでは？」

確かにそうかもしれませんが、そう言ってしまうと口論になることもあります。残念なのは、相手のために正しいことを伝えようとしているだけなのに、かえって相手を傷つけ

てケンカになってしまうことです。

だからケンカになりそうなときこそ、やっていただきたいことがあります。

それは……**「エモく」**です。

「エモい」という言葉を流行らせたのは、メディア出演でもお馴染み、日本の研究者、落合陽一さんと言われておりますが、エモいの語源「エモーション」は、感情という意味です。つまり相手の気持ちを汲み取ることです。

第4章では、ロジックの重要性を伝えましたが、**ケンカになりそうなときは「ロジックよりエモく」**です。つまり、相手のエモーション（感情）を優先させるのです。

先ほどの例なら、次のように返答します。

「忙しくて手がまわりません」→「今忙しくて大変だよね」

「メールが届いていません」→「ご心配をお掛けして申し訳ありません」

「〇〇さんの態度、あれ腹立つよね」→「あの態度にイラッとしたんだね」

このように「大変」「心配」「イラッと」などを使い、相手の感情にタッチしていきます。

人は、意見が違う人を嫌うのではありません。自分の気持ちをわかってくれない人を嫌うのです。

人間の脳には「大脳新皮質」という知性を司る部分がありますが、それよりも先に「大脳辺縁系」という感情を司る部分が発達しています。だから感情を優先させるのです。

でも、こんな声も聞こえてきそうです。「どうやって相手の気持ちを汲み取ればいいのか？」と。

相手の気持ちがわからないときは、相手の気持ちを言語化してあげるのも一つの方法です。

「ごめん怒ってる？」「イラッとさせてしまったよね」「嫌な気持ちにさせたかな？」「なんだかモヤモヤしてない？」「さっきの話、きっと腑に落ちてないよね」「最近、心配ごとが重なってない？」と、**相手が感じているであろう気持ちを言葉にする**こと。

その言葉が合っているかどうかはわかりません。でも言ってみないとわかりません。

ケンカにならないポイントは、同じ意見を持つことではなく、同じ気持ちを感じ取ることです。

相手の気持ちを言語化しようとするとき、相手の気持ちに意識が向きます。そこに相手のことを考える余白ができます。つまり、俯瞰する視点が生まれて自分の心に余裕ができるのです。

このようなときに口論はしづらいものです。ケンカになるときは、負けてはいけないというメンタリティで戦っているときです。

相手の感情を言語化することも良質なコミュニケーションの選択肢として、ぜひ人生に取り入れてみてください。

相手の気持ちに寄り添う姿勢が、あなたの人間としての格を上げてくれるはずです。

気まずくならない人は、ロジックより相手の エモーション を優先させる

7

いつも機嫌がいい人の話し方

気まずくならない人は、
□の言葉であふれている

「自分の機嫌は自分で取るんです」

これはお笑い芸人のみやぞんさんが日本テレビの『24時間テレビ』でチャリティーランナーを務めたときに語った言葉です。

同局の『世界の果てまでイッテQ！』でも、山登りの辛い状況で、**「自分の機嫌は自分で取って、人に取ってもらおうとしない」**と語っており、「すごい名言！」ということでSNSで話題になりました。

人は認められたくて過度にアピールしたり、怒りを露わにして周りに気を使わせたり、人を巻き込んで自分の機嫌を取ろうとしたりします。でもみやぞんさんは違います。自分の機嫌は自分で取るのだと。

私はこのすばらしいマインドに、本当に心を打たれました。

周りにアピールしなくても、自分が信じていることを貫き通せばいいし、自分の怒りを誰かに収めてもらわなくても、自分の考え方を変えたり、行動を変えたりすることで、いくらでも気持ちを切り替えることができます。

世の中には、いつもご機嫌そうな人がいますが、その人だけ、いつも機嫌がよくなるようなことばかり起こっているかというと、違います。その人にも、腹が立つことや、嫌なことがあります。

でも、なぜいつもご機嫌でいられるのでしょう？

それはきっと、**日常に「感謝」の言葉があふれているから**です。「お会いできて嬉しい」「本日もいっしょに仕事ができて嬉しい」「今日もご飯を食べることができて嬉しい」と。

どんなに朝早くても、「おはよう！」って元気に挨拶する人は、「今日もいっしょに働くことができて嬉しい！」と感謝している人だと思います。だからいつもご機嫌なのです。

ご機嫌マネジメントの源泉は「感謝」である、これが私の答えです。

ただ、これが本当に難しいです。

人は「あれがほしい」「これが足りない」と不足しているものは数えますが、充足しているものは数えません。朝起きてコップ一杯の水を飲むときに、「今日も水が飲めて最高に幸せ」って思いながら飲む人はほとんどいないでしょう。充足していると感謝を見落とすのです。

感謝に気づくには、感謝に意識を向ける行動を取ることです。

例えば、ご飯をいただくときに手を合わせる。手を合わせるという行動が、感謝という気持ちを思い起こさせてくれます。私の友人には、毎朝ベランダから天に向けて一礼することを習慣にしている人がいます。この行動を取ると、感謝の気持ちで一日をスタートさせることができると言います。

また、**感謝を口にすること**。

「朝から会議の準備をしてくれてありがとね」

「今日も商談に行ってくれてありがとね」
エレベーターで先を譲ってもらったら、「すみません」ではなく「ありがとうございます」と伝えてみる。

本来感謝とは、するものではなく、感じるものだと思います。
それに気づくために、あえて行動に移す、そして口にする。そうすることで、知らなかった幸せに気づくのです。

当たり前の基準が変われば、視点も変わります。感謝すべきことなのに、してこなかったことにも気づきます。

自分の機嫌は自分で取ること、裏を返せば他人に迷惑をかけないことです。人間関係がよくなるコツは「相手を思うこと」、その一点だと思うのです。

気まずくならない人は、感謝の言葉であふれている

第6章まとめ

1 気まずくならない人は、相手を**尊重**しながら自己主張する

2 気まずくならない人は、アサーティブ要素を**先**に伝える

3 気まずくならない人は、「相手の意見を**踏まえる**」を極める

4 気まずくならない人は、本質的な**問題**を問う

5 気まずくならない人は、相手の**想像**を超える謝罪をする

6 気まずくならない人は、ロジックより相手の**エモーション**を優先させる

7 気まずくならない人は、**感謝**の言葉にあふれている

第7章

良好な関係をつくる「社内トーク」

1

敵をつくらない好感度のススメ

良好な関係をつくる人は、相手を否定せず、□□する

毎年、芸能人の好感度ランキングが発表されますが、上位にいる人は年間400〜500本も番組に出演されているような方ばかりで、各番組に引っ張りだこです。

お見合いでも、合コンでも、やはり好感度の高い人が人気を博しますし、職場でも好感度が高い人は、そこにいるだけで気持ちを温かくしてくれます。

ただ、この「好感度」というのが意外とやっかいです。なぜなら、好感度の感じ方はみな違うからです。

笑顔が素敵な人に好感が持てるという人もいれば、ニヒルでダンディな人に好感を持つ人もいます。愛嬌があって誰とでもうまく話せる人に好感を持つ人もいれば、それを「な

んだか裏がありそう」と怪しむ人もいます。正解はありません。

でも、**好感度を下げる人には正解があります。それは、相手を否定する人**です。人間の欲求の構成を見ると、そのことがよくわかります。

欲求といえばマズローの欲求5段階説が有名です。マズローは1908年にニューヨークで生まれた心理学者で、人間心理学の生みの親と言われている人物です。

5段階説をざっくり説明すると、人間は次の5つの段階に沿って自分の欲求を満たしていくという説です。

第1段階：生理的欲求（食欲や睡眠欲など生きるためのエネルギーを確保したい）
第2段階：安全欲求（安心・安全な暮らしがしたい）
第3段階：所属の欲求（周りとつながりたい）
第4段階：承認欲求（認められたい）
第5段階：自己実現欲求（望む自分になりたい）

もちろん例外はありますが、現代を生きる私たちにとって、第1～第3段階はだいたい満たされています。食事や睡眠はとれますし、特に日本は安全に暮らせます。基本的に、家族や学校、会社など所属しているコミュニティも持っています。

満たされていないのは、**第4段階の「承認されたい」「認められたい」という欲求。**だから本屋さんには、自己肯定感を高める本がズラリと並び、自己肯定感というキーワードがSNSのトレンドにも上がってきたりするのです。

それを踏まえると具体的なアクションが見えてきます。

「絶対にやってはいけないこと」は、無視をすること。

これは人間関係が崩壊します。無視は、相手を承認するどころか、相手の存在を無にします。

「無視なんかしていない」って思った方もいるかもしれません。でも本当でしょうか。例えば、気づいているのに挨拶しない、聞こえているのに返事をしない、仕事のメッセージに返信しない。これは、決して悪気はなかったとしても、相手は無視されたのと同じ感覚を味わいます。非常に注意する必要があります。

次に**「避けたほうがいいこと」は、相手を否定すること。**

「だから違うって」「そうじゃないから」「何度言ったらわかるの？」こういった類いの発言は慎みましょう。否定とは、「そうではない」と打ち消すことです。言われたほうは、自分が打ち消されたように感じてしまうのです。

そして**「やるべきこと」は、承認すること。**

「○○さん、おはよう！」＝相手の名前を呼び、相手の存在を認識する
「今日も営業がんばってくれてありがとね」＝相手の行動を認める
「すごい！　その発想はなかったよ！」＝相手の考え方や価値観に触れる
「よくそんなに集中できるね。何か工夫しているの？」＝相手の能力に興味を持つ

「何を承認したらいいのかわからない……」という人もいますが、承認できる人は先の例のように、相手の存在、行動、考え方や価値観、能力など、承認の切り口をたくさん持っています。それが言葉として如実に表れるのです。

良好な関係をつくる人は、相手を否定せず、承認する

2 苦手な人との会話方法

良好な関係をつくる人は、
苦手な人に［　　　　　］する

職場で「あの人、苦手」と、頭に浮かぶ人はいませんか？　イラッとするようなことを言ってきたり、嫌味を言ってきたり、人の悪口を強要してきたり。誰でも、苦手意識を感じる人が一人や二人はいるかもしれません。

その人の性格や行動を変えようと、必死で努力する人もいますが、それは賢明ではありません。**自分の性格を変えることすら難しいのに、他人の性格を変えるなんてなかなかできないから**です。結局、その人が変わるかどうかは、その人次第。変えられるのは自分の行動だけです。

苦手な人と接しなくてもいい環境ならそれでいいと思いますが、職場やコミュニティでは、苦手な人から逃げられないこともあります。

そこであなたには、苦手な人への対応を極めてもらい、余計なストレスを軽減していただきたいと思います。

結論としては、**苦手な人には「ファーストコール」をオススメします。ファーストコールとは、最初に声をかけること。**

代表例は挨拶です。まず苦手な人に自ら挨拶をしてみてください。挨拶が苦手だったら、会釈でも構いません。アイコンタクトして「ニコッ」でもＯＫ。挨拶のあとに何も話さなくてもいいので、とにかく先にアクションを起こすことです。

理由は２つあります。

①単純接触効果

ある対象に反復して接触することで、その対象への好感度が高まる現象を言います。

ＣＭで何度も見た商品を思わず買ってしまったり、何度も聞いている曲に愛着が湧いてきたりしますよね。はじめて会う店員さんより、何度も顔を合わせている店員さんのほうが注文しやすかったりします。

たとえ挨拶だけでも単純接触している回数が増えると、相手からの好感度はよくなっていきます。そうすれば、あなたに危害を与えることも減ります。

② 馴化《じゅんか》効果

馴化とは「馴れ」です。向こうから苦手な人が歩いてきたときに、思わず「道を変えようかな……」と避けたりしていると、その人に馴れることができません。しかし、たとえ挨拶だけでも、毎日していると馴れが生じます。幼少期に犬に噛まれて「犬が怖い……」と思っていた人が、大人になってから犬を飼うことがあります。それは犬に馴れたからです。

最初は挨拶から。少し馴れてきたら「今日もよろしくお願いします」とひと言加える。また馴れてきたら「先日はありがとうございました」とひと言追加。泳げない人が、洗面器に水を入れて、顔をつけて、徐々に水に馴れていくように、先に声をかけて少しずつ苦手な人に馴れていく手法です。

「挨拶だけならまだいいとして、会話もしなくてはいけない」ときは、どうすればいいのでしょうか？　例えば、苦手な人が嫌味や陰口、噂話などを言ってきたケースです。そんなときは、「暖簾《のれん》に腕押し」が一番効きます。

「あなたって、のんびりしてるよね」→「そうかもしれないです」

「あの人、お金に汚いと思わない」→「よくわからないです」

「あそこのメンバー、全員やめたらしいよ」→「そうなんですね」


このように、流すのです。これをストレスマネジメントの世界では、**「スルースキル」**と言います。同じリングに立つから相手も燃えてきます。だから、**そもそも戦わない姿勢を示す**のです。

苦手な人というのは、職場を変えても、住まいを変えても、きっとあなたの目の前に現れます。それならば、今ケリをつけるべく、少し勇気を出してファーストコールからはじめてみてください。小さな前進ですが、あなたを変身させるメソッドになります。

良好な関係をつくる人は、苦手な人にファーストコールする

3

人気を博すキャラのつくり方

良好な関係をつくる人は、その場に応じた□を担う

突然ですが、あなたは普段、何キャラですか？　明るいキャラですか？　真面目キャラですか？　おしゃべりキャラですか？　それとも聞き役キャラですか？　はたまた周りと協調していくキャラですか？　一人で行動していくキャラでしょうか？

答えは……「すべて」ではないでしょうか。

例えば、家ではひと言も話さないお父さんが仕事では饒舌《じょうぜつ》な営業マンだったり、人前で話すのがうまい人が普段の会話では聞くのがうまかったり、会議でバリバリ仕切る人が飲み会ではいじられキャラだったり、外では明るい人が家では陰キャラだったり。人間誰し

も、キャラに傾向があるだけで、いろいろな顔を持っています。
状況によってキャラを変えるということは、むしろ健全なことです。

そして、**その場に応じた「役割」もあります。その役割をまっとうする人が人気を得ます。**

いつも飲み会に呼ばれる人は、「明るい人」でも「おもしろい人」でもありません。その場が楽しくなるように、一生懸命役割を果たしている人です。

場が盛り下がっていれば誰よりも話題を提供し、話す人が多ければ聞き役にまわり、話したそうな人がいれば質問して話を振る。このように、今必要な役割に対して、自分の姿を変幻自在に変えられる人が人気を博します。

「人気」という語を辞書で引くと、「ある人物が、人間集団において、人々の好意や関心の的になる」とあります。

好意や関心の的になる人は、人に喜びを与えている人です。喜びを与えてくれるからこそ、その人が気になるのです。

全員おしゃべりキャラ、みたいに同じキャラが密集すると、同じ椅子の奪い合いでムードも悪くなります。でも、いないところに座ればその場は満たされ、周りの人は喜びます。だからこそ私は、商談でも会議でもキャラを変えます。

よく話されるお客様であれば、60分ひたすら聞き続けることもあります。会議で誰も発言しなければ、誰よりもしゃべります。笑いを起こそうとふざけたことを言い、スベります（笑）。でも気にしません。その場に応じた役割があるからです。

私はこれを「役割論」と言っています。

聖徳太子がつくったとされる「十七条の憲法」をご存じの方も多いでしょう。第一条には、「和を以《もっ》て貴《とうと》しとなし」ということが書かれています。

互いを尊重し、話し合うことで、和が生まれると、1400年も前から語られています。それを踏まえると、一番嫌われる人は和を乱す人、一番人気を得る人が和を育む人ではないでしょうか。

今私は経営者ですが、経営者には経営者の、社員には社員の役割があります。経営者だから偉いとか、そんなことはまったくありません。役割が違うだけです。

人がいて、場があれば、必ず役割が発生します。

職場の人＋職場　＝あなたの役割は？
家族　　＋家　　＝あなたの役割は？
友人　　＋サークル＝あなたの役割は？

もし、自分のキャラがわからない人は、一度、周りを見渡してみてください。きっと周りが求めているキャラがあるはずです。「人＋場＝役割」の公式を覚えておいてください。キャラを大胆に変換してみるのも、よりよい人間生活をつくる秘訣です。

良好な関係をつくる人は、その場に応じた役割を担う

4

なぜかいつも助けてもらえる人

良好な関係をつくる人は、「　　」と言える人

世の中には、「いつも周りから助けてもらえる人」と「いつも一人でがんばっている人」がいます。

がんばることは決して悪いことではありません。ただ、人間、一人でやれることには限界があります。一人でがんばり続けると、いずれ心身の疲労がピークを迎え、燃え尽きて、社会に適応できなくなることもあります。これを「バーンアウトシンドローム」と言います。

だからこそ**周りから助けてもらえることも、快適な職場空間をつくる一つの技術**です。

でも私たちは、「他人を支援する方法」は学びますが、支援のされ方は驚くほど学んでい

ません。ぜひこれを機会に、周りから助けてもらえる方法も学んでください。

助けてもらうには、３つのステップがあります。

ステップ① 助けてほしいことを明らかにする

「あなたは今の職場で何を助けてほしいですか？」

まずこの問い。今、大変だとして、何が大変なのか、明らかにします。

「時間がない」「やることが多い」「苦手な業務がある」「やり方がわからない」「何かに不安がある」……。アバウトでも構わないので、まずはノートに書き出してください。

ステップ② 助けてほしいことを口にする

やはり実際に口にしないと、周りには伝わりません。

「それが言えたら苦労しない……」と思うかもしれませんが、ここで一つ、興味深いアンケートを紹介します。結婚相手紹介サービス「オーネット」が男性（４９５名）、女性（４８２名）を対象に実施したものです（２０２０年調べ）。

Q：異性に頼られて嫌なことは？

1位：お金に関する相談（46・0％）
2位：力仕事（28・8％）
3位：生活全般に関する重い内容の相談（20・1％）

それに比べ、「仕事に関する質問・お願いごと」はというと、結果7位で11・7％でした。つまり、嫌だという人は10人に1人程度です。裏返せば10人に9人は嫌ではないということ。しかも、「自分の得意分野に関する相談・お願いごと」なら10位で6・2％と、もっと下がります。

頼られることは全然敬遠されていないのです。サポートをお願いしても断られることは少ないと思います。

ステップ③ 助けてほしいことを予め宣言する

できれば「助けて」と言わなくても、事前にサポートしてもらえるとベストです。そのためには、どういうときに助けてほしいかを予め宣言しておきます。

「私、〇日残業が続くと体調が悪くなるんです」
「同時進行しているものが3つ重なるとパニックになりやすいです」

「○○の仕事は苦手なので、事前にやり方をしっかり説明してもらえると助かります」

このように、サポートしてほしいことをカミングアウトしておきます。そうすれば、大変な状況になる前に支援してもらえます。

周りの人は助けたくないのではなく、何を助ければいいのかわからないのです。**なぜかいつも助けてもらえる人の特徴はすごくシンプル。「ヘルプ」と言える人**です。

あなたも、常日頃、誰かを助けているはずです。上司かもしれませんし、後輩かもしれませんし、お客様かもしれません。誰もが、誰かを支え、誰かに支えてもらっています。助けてもらうからこそ、また助ける余裕も出きます。このような共助の精神が、豊かな人間関係をつくる基礎になります。

良好な関係をつくる人は、「ヘルプ」と言える人

5

相手の気持ちを理解する

良好な関係をつくる人は、相手と感情を［　　］する

相手の話を聞くときに、一番大事なことは、気持ちを通じ合わせることだと思います。

当スクールには、多数の心理カウンセラーが所属しています。心理カウンセラーは、フロイト、ユング、ロジャーズらが示した世界的に有名な心理療法を学びますが、特に「傾聴」を徹底的に習得します。

傾聴とは、相手の話に積極的に耳を傾けて、「耳」「目」「心」を使って相手の話を受けとめることです。

例えば、お子さんが、「ママ！　今日のテスト80点だったんだ」と喜んで答案を見せたとします。そのときお母さんが「すごい!!　よくがんばったね！　ママ嬉しい～！」と飛び上がるほど喜んだとしましょう。すると一瞬で気持ちが通じ合います。

万が一、「今忙しいからあとにして」と言ったら、気持ちが離れるのも一瞬です。**感情の伝心は速い**のです。

仮に、あなたが映画を観て、友達に感想を伝えたときに、
「メチャメチャおもしろそう！　すごく観たい！」
「それは泣けるね。話を聞いただけでも感動してきた」
と、気持ちをわかってくれたら、心が通い合う温かい会話になるでしょう。

相手の話を聞くときは「感情の交換」が大事なのです。

人間の感情には100も200も種類があると言われていますが、とりあえず50個、気持ちを表すときに使用しそうなワードを記載しました。

嬉しい　思いやる　悲しい　不愉快　嫌い　楽しい　尊敬する　かわいそう　苦手　困る
おもしろい　気遣う　寂しい　ヘコむ　怒る　笑う　憧れる　辛い　がっかり　悔しい
幸せ　愛する　萎える　慌てる　腹が立つ　感謝する　好き　憂鬱　怖い　呆れる
感動する　和む　大変　不安　戸惑う　興奮する　癒される　落ち込む　心配　退屈
ワクワク　落ち着く　切ない　悩む　燃える　ドキドキ　懐かしい　困る　モヤモヤ　爽快

ここで、あなたがよく話を聞く相手を一人思い浮かべてください。

上司、部下、同僚、友達、お客様でしょうか。その人がよく使うワードをこの中から3つほどピックアップしてください。**口癖みたいなものです。それが、その人の基本感情です。**

そして、その基本感情を会話の中で触れていきます。

例えば、「嬉しい」「おもしろい」「感謝」を相手がよく使うのであれば、「それは嬉しいですよね」「やっぱりおもしろく生きたいですね」「私も感謝の気持ちでいっぱいです」と。「大変」「腹が立つ」という言葉をよく使う人だったら、「それは大変でしたね」「腹が立ったのですね」と。

このように**感情を理解してあげるのです。**

前向きな言葉がいいとか、後ろ向きな言葉がダメとか、そういうことではありません。まずは心を開いてもらうことが先決。相手を励ましたり、導いたりするのは、感情を交換したあとの話です。

これも私の黒歴史ですが、以前、部下から「どうすればいいですか？」と聞かれて、「少しは自分で考えろ！」と突き返したことがあります。でも、それは完全に間違いでした。

「どうすればいいですか？」の裏には、「どうすればいいか不安です」という感情が込められていたのです。

それがわかってからは、「そうだなぁ、どうするのがいいかなぁ〜」と自分でも考え込むようになりました。すると驚くことに、「こうするのはいかがでしょうか？」と部下が提案するようになったのです。私が同じ気持ちを味わったことで、安心して意見が言いやすくなったのだと思います。

「相手の気持ちを理解することが大事」、これを知っているだけでは意味がありません。実際に相手の感情に寄り添うことが、相手との良質な関係性を紡ぎ出すのです。

良好な関係をつくる人は、相手と感情を交換する

6

人間関係がラクになるたった一つの意識

良好な関係をつくる人は、語尾に「　　　　」をつけて相手を冷静に見つめる

一つ、ショッキングな調査を発見しました。

ＩＳＳＰ（国際社会調査プログラム）の２０１５年調査で、「職場の同僚の関係はいい」と思っている人の割合が、日本は調査対象37カ国中で最下位（69・９％）だったのです。

もちろんこれだけで一概には言えませんが、職場の人間関係は世界的に見て最低レベルということに私は大変驚きました。

なぜ、職場の人間関係が悪くなるのか？　これにはさまざまな原因があると思いますが、ある意識が圧倒的に欠如しているからだと私は考えています。

その意識を、約５００編もの詩を遺した日本を代表する童謡詩人、金子みすゞさんの言

葉をお借りするなら、

「みんなちがって、みんないい」

です。

職場にはいろんな人がいます。すぐに大きな声を出す人、いつも忙しそうな人、大人しい人、のんびりしている人、やたらと自慢話が多い人、不平不満が多い人、無口な人、必死で仲間をつくろうと奔走する人、孤独を愛する人、その異なる価値観や考え方がぶつかり合っています。

そして、それにイチイチ反応したり、その人を避けたりすると、だんだん関係性が悪化していきます。

でも、価値観が違うからこそいろんなアイデアが生まれ、みんな違うからこそ自分の足りないところに気づけるのです。全員いっしょなら、金太郎あめみたいな組織になります。そんな組織に成長も発展もありません。

だからこそ、「みんなちがって、みんないい」です。

そう考えると、自分と違う人、言動にイラッとするような人に対しても、少し冷静になれる「間」ができます。

左脳の機能を失った脳科学者として大変有名になったジル・ボルト・テイラー博士は、「『怒り』は神経回路の引き金になるものだと考えられています。怒りを感じたときは、その神経回路が発動するのです。しかし、通常その怒りは90秒で収まります」と言います。

もちろん個人差はあると思いますが、90秒以上怒り続けるってかなりのパワーが必要です。だから、**少し静観することができれば、その気持ちは収まる**はずです。

では、静観するためにはどうすればいいのでしょうか？

そのためには**「んだ」の法則**を覚えてください。

「んだ？」と思われたかもしれません。ふざけておりません（笑）。これが魔法の言葉として効いてきます。

人をジャッジせず、ただただ見つめる方法です。

「部長は月末になるとカリカリするんだ」

「課長の口癖は『説明は簡潔に』なんだ」

「係長は見た目の話になると怒るんだ」

こんな風に静かに俯瞰します。

「なんであんなにカリカリしてるの！」「何、あの言い方！」「急に怒りだして！」、そう反応してしまうと、揉めごとの火種になります。

「そういう人もいるんだ」「人それぞれ違うんだ」と、引きのアングルで見つめるのです。決めつけるのではなく、眺めるだけ。

人は人、自分は自分。そんな考え方から見えてくる世界があります。

相手を静観し、観察することも、また新たな価値観に開眼させてくれるきっかけになるはずです。

良好な関係をつくる人は、語尾に「んだ」をつけて相手を冷静に見つめる

7

好かれる人は運がいい人

良好な関係をつくる人は、
相手を□ことで幸運を呼び込む

あなたの運気を上げる方法をお伝えします。

いきなり運気なんていうと若干怪しまれそうですね（笑）。でも、私たちは運にまつわる言葉をよく使います。

「今回は運に恵まれていた」「私は運だけはいい」「最近ツイてないんだよね」「たまたま運が悪くて……」など。

お寺にお参りしたり、スマホのアプリで運勢を占ったり、「運気」「運勢」といった言葉もたびたび使ったりします。

私は、経営者や会社のリーダーの方とお会いする機会が多く、これまで1000名以上とお話ししてきました。そこで気づいたのは、世の中には、何をやってもうまくいく人がいるということです。まさに幸運の持ち主です。そして、いつも会社やチームがうまくいっている人のパターンが非常に似ているということもわかりました。

幸運が舞い込んでくる人には、共通点があります。それは、**すべてを自分ごとにし、いつも他人を敬う**ということ。

彼らは、何か問題が発生したときに、自分の内側に問題を設定し、「何が悪かったのか」「自分にできることは何か」を常に内省しています。

これは精神論で言っているのではありません。

例えば、会社の入り口にゴミが落ちていたとします。自分には無関係だと思う人は拾わないでしょうし、自分ごととして捉える人は必ず拾います。

社内に活気がないとします。「自分にはどうでもいいことだ」と思って何もしない人もいれば、「自分にできることは？」を考えて積極的に元気な挨拶をする人もいます。

後者のような人が、すべてを自分ごとにしている人であり、幸運が舞い込んでくる人です。なぜなら、そうやってがんばっている人を見て、周りの人は「助けたい」と思うからです。

運という字は「運ぶ」と書きます。これは移したり、動かしたりすることです。つまり動くからこそ、運が運ばれてくるのです。

こたつでみかんを食べながら「宝くじ当たらないかな〜」といっても金運は舞い込んできません。宝くじを買うというアクションが必要です。

幸運の持ち主は、幸運が運ばれてくるような動きをしているのです。

また、成功者はいつも他人を敬います。「なぜ成功されたのですか?」と質問されたときに、「私が努力したからです」と答える人を見たことがありません。

運が舞い込んでくる人は、「私はすばらしい仲間に巡り合えて幸運でした」「こんな機会を与えてもらい私はラッキーでした」「大チャンスがまわってきてすごくツイていました」、そういう言葉が自然に口から出るのです。これらのフレーズには、すべて**「おかげさま」という言葉が隠れています。**

「自分がスゴイ」ではなく、他人を尊重しているからこそ、自然にこういった言葉が滲み出てくるのです。

思わず支援したくなる人というのは、こういう人です。

幸運は目には見えないものですが、それを生じさせる行動があります。そしてその行動が反射転写して、幸運な出来事をヒットさせるのです。

どれだけ「私はツイている」「ラッキーだ」と唱え続けても、運が向いてこない人もいます。大事なことは言葉遣いではないのです。

何か問題があれば、「自分にできることは？」と内側に言葉を投げかける。「皆さんのおかげ」と外側に言葉を投げかける。この姿勢が幸運を呼び込む土台です。成功すれば、周りから信頼や協力を得られる人、周りを熱くする人というのは、こういう人だと思うのです。

良好な関係をつくる人は、相手を**敬う**ことで幸運を呼び込む

第7章まとめ

1 良好な関係をつくる人は、相手を否定せず、**承認**する

2 良好な関係をつくる人は、苦手な人に**ファーストコール**する

3 良好な関係をつくる人は、その場に応じた**役割**を担う

4 良好な関係をつくる人は、「**ヘルプ**」と言える人

5 良好な関係をつくる人は、相手と感情を**交換**する

6 良好な関係をつくる人は、語尾に「**んだ**」をつけて相手を冷静に見つめる

7 良好な関係をつくる人は、相手を**敬う**ことで幸運を呼び込む

第8章

モチベーションを上げる「言い方」

1

熱狂を生み出す話し方

モチベーションを上げる人は、自分が□して熱狂したことを伝える

「熱狂を生み出すには、あなた自身が熱狂していることだ」

これは熱狂を語るとき、よく言われるフレーズです。周りの人を熱狂させたいなら、誰よりも自分が一番熱狂していなければなりません。

盛り上がっているプロジェクトは、リーダー自身がそれに熱狂しています。商品がヒットするときは、製作者本人が一番そのことに心血を注いでいます。本人が情熱を投じるからこそ、周りにもそれが着火するのです。

人に何かを伝えるとき、緊張していても、噛んでも、汗だくでも、それはたいして問題ではありません。**「伝えることに全力を注いでいる」「何かを届けたいと一生懸命話している」「必死で訴えかけている」、その姿に周りは熱を感じ、熱狂が生まれる**のです。

熱狂とは「夢中になること」。言い換えれば「時をも忘れて没頭すること」です。

ここで一つ質問です。「あなたが熱狂したことは何ですか？」

ゲームやマンガかもしれません。映画やドラマかもしれません。好きなアイドルやアーティストに夢中な人もいるでしょう。

答えが出たら次の質問です。「では、なぜそのことに熱狂しましたか？」

おもしろいから、好きだから、誰かがハマっていたから、いろいろあると思います。

しかし、熱狂するには、絶対に必要なことがあります。

それは、あなたの「アクション」です。**あなたが行動したからこそ、そのことに熱狂できた**のです。

人は、興味を持っただけで、いきなり熱狂することはありません。

例えば、「あのゲームに興味がある。熱狂してきた！」なんてことはないわけです。

興味を持って、実際やってみて、１面をクリアするのが難しくて、でも攻略できて、また次のステージがやってきて、またクリアできなくて、でもがんばったらクリアできて、こうやって行動を起こすからこそ熱狂していくのです。

2019年に日本で開催されたラグビーのワールドカップがいい例です。ラグビーの知名度は決して高くなく、多くの人がルールすら知らなかったのに、日本全国にあれだけの熱狂が生まれました。それはラグビーをニュースで見たり、友達の話を聞いたり、テレビで観戦したり、会場まで足を運んだりと、実際に人々がアクションをしたからです。


私は営業研修もよく実施しますが、自社の商品のプレゼンを説明書を読むかのように棒読みでする人がいます。

そういう人に「自社の商品をあまり使ってないですよね?」と聞くと、ほとんどの人が「はい……」と言います。自分で使うというアクションを起こしていないので、自社の商品に熱狂しようがありません。**本人が熱狂していないのであれば、他人も熱狂しません。**

「今期の予算は10億円だから。全員でがんばっていこう」という上司。これも部下が熱狂するケースとしないケースに分かれます。

違いは上司が「なんで10億円なのか?」を徹底的に考えて、調べて、行動して、それが積み上がった魂の数字かどうかです。上から落ちてきた数字をそのまま伝書鳩のように伝えても、熱狂は生まれません。

「熱狂を生み出す話し方」というと一見難しそうですが、ちゃんと因数分解するとこうなります。

自身が行動する → 自身が熱狂する → 周りにも熱狂が波及する

最初は興味がなくても、そのことに触れてみて、調べてみて、やってみる。そして自身の中に巻き起こった感情を伝え、周りに旋風を起こしていく。これが熱狂を生み出す話し方のメカニズムです。

モチベーションを上げる人は、

自分が行動して熱狂したことを伝える

2

やる気が湧いてくる話のテンプレート

モチベーションを上げる人は、ゴールから得られる［　　］を伝える

やる気とは、文字通り「やろうとする気持ち」のことです。何かをやろうとするときは、ゴールの存在が必要です。

例えば、「大会で優勝する」「テストで80点を取る」「売上目標を達成させる」「プレゼンして契約を獲得する」など、何か目指すものがあるからこそ、やる気が湧いてくるのです。

何もやることがないのに「やる気が湧いてきた〜！」とはなりません。

仕事では、ゴールのことを「目標」と言います。だからリーダーは、チームメンバーに明確な目標を伝え、メンバーのやる気を引き出そうとします。

しかし、これが大きな落とし穴。**人は、目標に心が躍るわけではない**からです。

「100万個販売する！」という目標に心躍る人もいれば、「ただの数字でしょ」と冷めている人もいます。前年比200％増に向けて本気で挑戦している人もいれば、どうでもいいと思っている人もいます。

ビックリされるかもしれませんが、実は目標の中身自体は何でもいいのです。

大事なのは目標の中身ではありません。ゴールから得られる「幸福」です。

仮に、朝起きるのが苦手な人がいたとしましょう。6時に起きるという目標を設定しても、まったく起きることができません。でも、「明日は沖縄旅行で6時起き！」となれば、いとも簡単に6時に起きます。楽しみだからです。

勉強が嫌いでも、「大好きなあの子と同じ大学にいきたい」、そう思って勉強しまくる人もいます。

トイレ掃除をすると金運がアップすると言いますが、本当に金運がアップするなら面倒でも人はそれを続けます。

それを達成したときに、どんな幸福感を得られるか、それが描ければ目標が何であろうと人はやる気を起こすのです。

これは受講生のお子さんの例です。

その子は、ゲームのステージをクリアするまで絶対にゲームをやめないそうです。親御さんは、「うちの子はゲームばかりやって困る！」と思っていましたが、考え方を変えて「できるまでやめない」姿勢を褒めるようにしたそうです。

すると不思議なことが起こりました。

今まではジャングルジムで遊ぶと、一番上まで登れず途中であきらめていたのに、あるとき日が暮れるまで、「もう1回！」「もう1回！」と挑戦し続けたそうです。

その子はゲームが好きなのではなく、クリアすることに幸福を感じていたのです。これはすばらしい才能です。大人になってからもいろんな困難をクリアすることに喜びを感じるかもしれません。

会社の目標を達成することで、安定した収入を得ることに幸福を感じる人もいます。

お客様やチーム内のメンバーと交流を図ることで、人とつながることに幸福を感じる人もいます。

結果を出すことで、自分の成長に幸福を感じる人もいます。

人それぞれ深い想いが宿っています。ぜひ、それに関心を寄せることからスタートしてみてください。

相手の幸福感を把握する→ゴールを伝える→実現したときの相手の幸福を描く

これがやる気を生み出すテンプレートです。
あなたが大切だと思う人は、何に幸せを感じていますか？

モチベーションを上げる人は、ゴールから得られる幸福を伝える

3 エピソードから名言をつくる

モチベーションを上げる人は、□から名言を生み出す

私が講師としてデビューしたとき、よくやってしまった失敗があります。それは誰かの言葉を真似て、そのまま伝えることです。どこかで聞いたいい話や、有名な人の言葉を引用して、さも自分の言葉のように伝えたところで、聞き手にはまったく響きませんでした。

あるとき、ご年配の方から「君、それ体験してないでしょ」と突っ込まれたことがありました。完全に図星でした……。聞き手にはわかるのです。本気の言葉かどうか。

仮に私が「世の中には2種類の男しかいない。俺か、俺以外か」と言ったら、だいぶサブいことになると思います。これはローランドさんの実体験から生み出された言葉で、ご本人が語るからこそ説得力があります。

自分のエピソードから派生する言葉こそ、聞き手の心に響き、名言となるのですね。

「そんな名言も体験も、私にはない……」、そう思われた方、安心してください。

簡単にできる名言のつくり方が２つあります。

①体験を反転させる

これはアフリカのことわざです。

「早く行きたければ一人で行け、遠くへ行きたければみんなで行け」

次はチャップリンの名言。

「人生はクローズアップで見れば悲劇だが、ロングショットで見れば喜劇だ」

早く行きたければ一人で→遠くへ行きたければみんなで

クローズアップで見れば悲劇→ロングショットで見れば喜劇

本当に言いたいことにインパクトを出すために、あえてその前に反対のことを入れます。

偉人レベルのすごいことじゃなくて構いません。むしろ自身の体験を語るほうが重要です。

あなたにも、これまで生きてきた中で、モットーにしていることがあると思います。例えば、「ありがとうを伝える」「挨拶は元気よく」「約束は守る」など。これだけなら普通かもしれませんが、その前に反転させた言葉を入れます。

「当たり前のことなんて一つもない、すべてに対してありがとうを伝えたい」

「無視は職場に病気をもたらし、挨拶は元気をもたらす」

「裏切られると悲しいし、約束を守ってもらえると嬉しい」

こんな風にすると少しインパクトが出てきませんか？

② 体験を概念にする

概念とは、物事の考え方です。**自身の体験を通じて、「そこから言えることは？」をつくる。**これが、「体験を概念にする」ことです。

私の場合、人を笑わせたり、人の話を聞いて笑うのが好きです。

以前の項でも書きましたが、これは、私が9人家族で育ち、いつも家族団らんで、バカ話をして大笑いしていた経験があるからです。それが染みついているので、何かで失敗しても必ず笑っています。おもしろくない映画だったとしても、必ずおもしろい箇所を見つけます。誰かがボケれば、必ずツッコんで笑いに変えます。笑いに変わらないときもありますが、それでも私は笑っています。

この体験から言えることは、「おもしろく生きましょう」ということです。

例えば「失敗」について名言をつくるのであれば、自分にとって失敗は何か、まず失敗した体験を思い出します。

次に、「そこから言えることは？」を考えます。「確かに失敗だった。でも、それから学んだことが多い。いや、むしろそれがあったからこそ今の自分がある」

そこから言えることは……「そうだ。失敗とは、失敗から逃げることだ」。

こんな形で、体験から概念をつくります。

特段、偉人のようにすごいことを言う必要はありません。大スターから投げかけられる言葉より、一番身近にいる人の言葉のほうが何倍も響きます。

モチベーションを上げる人は、**体験**から名言を生み出す

4

会議が盛り上がるパワーワード

モチベーションを上げる人は
会議の冒頭に［　　］を伝える

会議は、重苦しい空気が充満する空間だったりします。

そんな空気を打破するのが司会者の役割であり、腕の見せどころです。とても、難易度が高い役割ではありますが、**もしあなたが、その場の空気をガラッと変える力を持つことができれば、信頼度が増し、あなたの希少価値はグンと上がります。**

そこで今回は、会議が盛り上がる「パワーワード」を紹介します。

まず、次の2つのアンケートで第1位の回答を得た言葉を当ててみてください。同じ言葉が入ります。

①住友生命が３０９５人を対象に実施しました。
「あなたを笑顔にしてくれる言葉はなんですか？」
②湘南美容外科クリニックが１４００人を対象に実施しました。
「好きな言葉とその理由はなんですか？」（言葉だけ考えてみてください）

1位はどちらも、**「ありがとう」**でした。

他にも、「彼氏に求めている言葉ランキング」や「仕事で言われて嬉しい言葉ランキング」など、いろいろなアンケートで「ありがとう」は堂々の1位です。

私たちは「ありがとう」が持つパワーを直感的に知っています。言われたときに嬉しくなったり、気持ちが明るくなったりすることをよく理解しているのです。

「サンキュー」「カムサムニダ」「シェイシェイ」って聞いたことありますよね。すべて、「ありがとう」という意味です。たとえ外国語は話せなかったとしても、なぜか外国語の「ありがとう」なら知っています。これは、普段からその言葉に意識が向いているからです。

だから、**会議の冒頭に「感謝のワード」を伝える**。これがパワーワードになります。

「皆さん、本日はお集まりいただき、誠にありがとうございます」

これはよく言うでしょう。ただこれだけでは不十分です。

さらに、

「本日は皆さんと議論ができて、とっても嬉しいです」

「お忙しい中、時間を確保していただき本当に感謝いたします」

と、重ねていきます。

また、

「今日は、田中さんと鈴木さんがいっしょに会議室の準備をしてくれました。皆さんでお礼を伝えましょう」

と、会議室に感謝を充満させることもオススメです。すると、冒頭からその場の空気が温かくなります。

2020年7月、アメリカの『人格および社会心理学のジャーナル』に掲載された、社会心理学者サラ・アルゴ博士の論文でも、**「人は感謝を受けると、より援助し、関わりたいと思うことが明らかになった」**と結ばれています。

これは、あなたが参加者に感謝を伝えると、参加者は「あなたを援助したい」「あなたに関わりたい」と思う、ということです。

司会者が参加者の目を見て、気持ちを込めて感謝を伝えたら、冒頭からその場に笑顔が生まれます。**笑うと脳が活性化され、脳が活性化されれば活発な議論が生まれます。**その会議はきっと盛り上がるでしょう。

これは司会者にしかできない仕事です。なんせ冒頭一発目に話すのは、他でもない司会者なのだから。

「有難う」とは、「有ることが難しい」という意味です。つまり奇跡です。会社の会議や何かのイベント、レクリエーション、保護者会でも、今日この場にこうして集まった人は、何かしらのご縁があったから。

そのご縁に感謝する気持ちが、その場を温かいオーラで包み込むのです。

モチベーションを上げる人は、会議の冒頭に**感謝**を伝える

5

「行動させる」は古い

モチベーションを上げる人は、相手が行動したくなるように□を増やす

スーパーの野菜売り場へ行くと、「生産者の顔が見える安心野菜」という表示を見かけます。

例えば、トマトといっしょに生産された方の顔写真と、どういう場所で、どんな想いで野菜がつくられたかが記載されています。生産に込められた想いや背景を知ることで、消費者は安心して購入することができるのですね。

ただトマトを見るだけよりも、そのトマトに対する認識や理解が増えて、購入意欲が湧いてきます。

何かを認識したり、理解したりする心の働きを**「認知」**と言います。

大人になると神社巡りにハマる人がいます。神社は子供の頃から近所にたくさんあったのに、なぜ大人になってから急にハマるのでしょうか？

これもまた認知が増えたからです。神社の歴史や、その時代背景に魅了され、ワクワクして訪問するのです。

何が言いたいかというと、**「人は感情を揺さぶられる認知が増えれば勝手に動く」**ということです。

営業研修をしていると、「なかなか売れなくて困っている……」という声をよく聞きますが、大抵その人たちは、お客様に終始、商品の説明だけをしています。

これでは無機質な説明で終わります。感情を揺さぶるような認知を増やさなければ、購入というアクションは生まれません。

では、感情を揺さぶる認知を増やすにはどうすればいいのでしょうか？

会社の目標を伝える際に、「今期は１００万人の来場を目指す！」とその目標数だけではなく、「その目標を達成する目的は？」「その目標になった背景は？」「どのように達成するのか？」と、まるでトマトの生産者さんのように背景や想いを伝え、聞き手の認知を増やす必要があります。

聞き手にとってワクワクする情報は何かを考えてみましょう。

ある受講生から、「うちの子、全然勉強しなくて、どうしたらいいですか？」と相談を受けたことがあります。

そのとき私は、「なぜ勉強してほしいのですか？」と聞きました。

すると、「小さい頃、自分が勉強せずに後悔したこと」「子供には十分に可能性を発揮してもらいたいこと」「後悔のない人生を歩んでほしいこと」と、切実に教えてくれました。

私は、「そのことをお子さんに伝えましたか？」と聞きました。すると「伝えていません……」という返答でした。相手が動きたくなるほど伝えていないのです。

相手が動きたくなるほどワクワクするような「認知」を増やしていく。これを肝に銘じてください。もちろん、どんな認知を増やすのか、その中身も大事ですが、まずは**相手に想いや背景をちゃんと伝える**ことです。

どういった内容が相手に響くのか、それは試しながらブラッシュアップしていけばいいのです。

いまだに、「プレゼンの目的は相手を行動させること」とか、「部下を動かすコツ」みたいなことが語られることがありますが、非常に残念です。相手は、「行動させる」とか「動かす」といった気配を感じた瞬間、心を閉ざします。人間は、自分のことは自分で決めたいからです。

私たちができることは、相手が行動したくなるように支援すること。行動させるのではなく、自発的にやりたいと思ってもらうことです。そのために、あなたの信念を真剣に伝えワクワクするような認知を増やしましょう。

それが相手の心を動かし、相手の行動につながる大切な一歩になるのです。

モチベーションを上げる人は、
相手が行動したくなるように認知を増やす

6

人が離れない「褒め方・叱り方」

モチベーションを上げる人は、土台に□を込めて褒めて叱る

あなたと相手との絆を強固にする「褒め方・叱り方」をお伝えします。

少し思い出してみてください。あなたがすごく愛情を感じた人は誰でしょうか？　ご両親、上司、先輩、学校の先生、さまざまな人がいると思います。

さらに聞きます。その方は、どんな褒め方をしてくれましたか？　どんな叱り方をしてくれたでしょうか？　思い起こすシーンはありませんか？

私にはあります。高校時代、私が本当に行きたいと思っていた進路から逃げようとしたとき、担任の先生が「逃げるな！」と、烈火のごとく叱ってくれました。また、テストでいい点をとったときは、顔をクシャクシャにして喜んでくれました。そして図に乗って勉

強しないと、また烈火のごとく叱ってくれました。私は小さい頃から勉強が苦手でしたが、先生のおかげで高校のクラスでは成績が1位になりました。叱られたこと、褒められたこと、そのシーンは今でも脳裏に焼きついています。

あなたにも、きっとそんな存在の人がいると思います。その人は優しかったでしょうか？　厳しかったでしょうか？

きっとどちらでもないでしょう。真剣だったと思います。

よく、「褒めて伸ばすか？　叱って伸ばすか？」という議論がありますが、どちらでもいいのです。**大事なことは、土台に「期待」があるかどうか。**

期待があるからこそ、褒めるし、叱るのです。その期待が相手に伝われば、相手は褒められても、叱られても、伸びます。

期待を込めるときに使う代表格が、**アイメッセージ**です。

アイメッセージのアイは「I」です。「私はこう思う」「私はこう感じる」と、主語を「私」にする伝え方です。

褒めるときは、

「がんばって勉強してくれて、（私は）本当に嬉しい」

「これができる〇〇さんは、本当に優秀だと（私は）思う」

「あなたがいてくれて、（私は）本当に幸せ」

叱るときは、

「あなたはもっとやれる能力があると（私は）信じている」

「これで諦めてしまうなんて（私は）非常に残念です」

「こんなことで折れるようなあなたではないと（私は）心底思っています」

そうやって主語を「私は」に変えると、グッと期待が伝わります。


最悪なのはその逆、「あなたのために」という伝え方です。

「いい学校に入らないと、いい生活を送れないよ。これはあなたのために言ってるの」と言った瞬間、子供は、『それはあなたが周りからよく見られたいだけでしょ』とすぐに変換します。


上司から、「そんなことも知らないのか。この先苦労するぞ」と言われた部下は、『別に教わっていないし……』『自分が苦労したくないだけでは？』と心の中で叫びます。

「〇〇君なら、これを知っておくとさらに飛躍できると（私は）思うんだ」

これが期待を込めたIメッセージです。

「YOU」のために伝えるからこそ、「I」で表現する。逆転の発想ですね。

誰だって期待されたいです。もし期待されなければ、自分の存在に価値がないと思ってしまうからです。だから**Iメッセージによる「愛メッセージ」が必要**です。愛情を感じた瞬間、人は強くなります。

あなたの大切な人には、期待を込めて、本気で褒めて、本気で叱ってあげてください。

一

モチベーションを上げる人は、土台に期待を込めて褒めて叱る

7

やる気をそぐ一番の天敵

モチベーションを上げる人は、□と戦えるように全力で支援する

「営業成績を上げたいけど、営業するのは面倒……」

「出世したいけど、責任が大きくなるのは嫌……」

「本を読んで勉強したいけど、テレビが気になる……」

こういったやる気をそぐ言葉と戦っているときがありませんか？

これらはすべて、自分の内側の声です。


私もあります。本当はもう一つ仕事をしないといけないのに「明日でいいか……」と先延ばしにしたり、寝る前に甘いものは避けたほうがいいのに「今日だけは」といって食べてしまったり……。内側の声と戦って、負けることがあります。

やる気をそぐ一番の天敵は自分の声ではないでしょうか。まさに「敵は内側にあり」です。

だから、あなたが誰かのモチベーションを上げたいと思うなら、最初にやるべきことは、**相手が「自分の声」と戦えるように全力で支援してあげる**ことです。

闘病中の人に、「がんばれ!!」と連呼しても、モチベーションは上がりません。十分がんばっています。がんばりたくてもがんばれない事情もあります。必要なのは、**「相手がどんな内側の声と戦っているか」を汲み取って、支援する**ことです。

支援の方法は３つあります。

①　助ける

営業成績を上げるのも、企画書を作成するのも、勉強するのも、何をするにしても基本、相手にとって面倒なことばかりです。

でも、肩を組んでいっしょに歩んでくれる人がいたら、その人のやる気は変わります。

必要なのは、「がんばれ」ではなく「いっしょにがんばろう」、「営業してこい」ではなく

「いっしょに営業しよう」です。

一人ではくじけてしまう鉄棒の練習も、友達とならがんばれます。

まさに「共に」「いっしょに」は、「やる気」の源泉です。

②認める

そもそも、何かにチャレンジしようとすること自体がすごいことです。まずその姿勢を認めましょう。

「大変だと思うけど、それでも前進しようとしていて、本当にすごいと思うよ」

「なんとかやろうとしてるじゃん。さすがだと思うよ」

「その姿勢、すごく勉強になるよ」

というような会話です。

人は認めてもらうことで、承認欲求が満たされ、前に進む勇気が湧いてきます。

③見通す

「○○さんだからこそ、できる仕事だと思う」

「○○さんならきっとできる」

「大丈夫！　〇〇さんにはその力がある」

というように、先を見通して、成功をイメージしてもらいます。

自信がないのは、ゴールに対してイメージができていないからです。

本人が見通せていないなら、あなたが代わりに見通してあげてください。ゴールがイメージできた瞬間、相手の顔つきはハッキリ変わります。

相手のモチベーションを高めようと、「がんばれ」「逃げるな」「気合だ」と鼓舞しても相手は変わりません。必要なのは協力者。**「あなたといっしょに歩みたい」、そういった意志が相手の士気を高める**のです。

モチベーションを上げる人は、

自分の声と戦えるように全力で支援する

第8章まとめ

1 モチベーションを上げる人は、自分が**行動**して熱狂したことを伝える

2 モチベーションを上げる人は、ゴールから得られる**幸福**を伝える

3 モチベーションを上げる人は、**体験**から名言を生み出す

4 モチベーションを上げる人は、会議の冒頭に**感謝**を伝える

5 モチベーションを上げる人は、相手が行動したくなるように**認知**を増やす

6 モチベーションを上げる人は、土台に**期待**を込めて褒めて叱る

7 モチベーションを上げる人は、**自分の声**と戦えるように全力で支援する

第9章

相手が喜ぶ「聞き方」

1

興味がない話を聞くときの満点の対応

聞き方がうまい人は、
興味ではなく［　　　］を持つ

「相手の話を聞くコツは、相手に興味を持つことです」

と、よく聞き方の教科書に出てきます。しかし、話を聞くカウンセラーの資格を持つ私が言うのもなんですが、そんなに簡単に興味は持てません。

興味の「興」は、熱中する、愉快に過ごすといったことを意味します。常にポンポン湧いてくるような感情ではありません。

ところが、日常生活では、興味がない話でも聞かなくてはいけない場面があります。むしろ、そっちのほうが多いでしょう。

結論から言います。**興味がない話を聞くときは、「興味」改め「好奇心」を持つこと**です。

好奇心とは、珍しいことや、知らないことを知ろうとする気持ちです。

好奇心の塊といえば子供です。いつも「なんで？」「どうして？」と質問します。何にでも好奇心を持ちます。それから徐々に興味を持ちはじめます。

いきなり興味を持とうとするから挫折します。まずは、好奇心を持って知らないことを知ろうとする。**自分が知らないことや珍しいことを知ることができれば、知識も増えるし、話のネタも増えます。**

では、具体的にどうするといいか。好奇心を持って聞く方法をステップを追って解説していきます。

ステップ① **環境設定する**

まず相手の話に集中せざるをえない環境をつくります。

具体的には、相手の話を聞くときは、携帯やPCを見ない・いじらないで、相手に腹を向けて話を聞きます。相手の話以外の情報をできるだけ遮断します。

ステップ② **質問する**

興味がない話でも、まずは簡単に質問してみます。

あなたが歴史に興味がなかったとしても、「なんで、そんなに歴史に詳しいのですか？」「どうして、そんなに興味を持たれたのですか？」と相手に質問することはできます。

A：「徳川家康はもともと松平元康という名前でした」

B：「そうなんですね。なんで名前が変わったのですか？」

「なんで」「どうして」は、まさに好奇心を満たそうとする質問です。

好奇心を持って質問すると、自分の知らない情報が入ってきます。そして情報が増えるほど、本当の意味で興味が湧いてきます。

ステップ③ **フィードバックする**

興味が湧いてきたら、あなたの考えや意見を伝えるステップです。

A：「今サウナにハマっているんだ」

B：「なんでサウナにハマったのですか？」

A：「汗をかいて、水風呂に入る。これを3回やると、とてもリフレッシュするんです」
B：「そうなんですね！　私も1回チャレンジしてみようかな」（フィードバック）

質問して、相手に答えてもらい、フィードバックする。そしてまた質問をする。まるでミルフィーユのように会話を重ねていきます。この重層的なプロセスが、真の興味につながります。

質問すれば、相手は話を聞いてもらえて嬉しい。自分も知識が増えて嬉しい。仕入れた知識をどこかで話せば「○○さん、よく知ってるね！」と褒められることもあります。人の話を聞くということは、自分の成長とも直結しているのです。

好奇心とは物事を探求しようとする根源的な心です。相手の話を聞くときは、まずはそこからスタートしていきましょう。

聞き方がうまい人は、興味ではなく好奇心を持つ

2

ずっと話したくなるレスポンス力

聞き方がうまい人は、
話の内容ではなく［　　］に反応する

話を聞くのがうまい人に会うと、いつも驚愕するのが「レスポンス力の高さ」です。何も意識していない人と比べると、レスポンス力が桁違いです。

レスポンスとは、話を聞いているときに頷いたり、微笑んだり、共感したり、つまり反応することを言います。

反応がないと、聞いているかどうかわからないので、「ねー、聞いてる！」と相手を怒らせます。

本書で勉強されるような方であれば、きっと相手の話を聞くときはちゃんと反応するように心がけていると思います。

相手が話した内容について、「なるほど」「すごい！」「すばらしいね！」と声をかけたり、頷いたりしているでしょう。それはとても大事なことです。

ところが、コミュニケーションのプロはもう一段上をいきます。

相手が話す内容ではなく、「感情」に反応するのです。

「どんな話をしているか」よりも、

「とっても楽しそうに話している」「もっと話したそう」「この話、好きなんだ」

「あれ、この話題飽きてそうだな」「そろそろ次の話にいきたそう」

「ちょっとイライラしはじめた」「この話はあまりよくないみたい」

と、感情に反応するのです。

そして、**楽しそうに話していれば自分も楽しそうに、悲しそうならいっしょに悲しみ、辛そうならそれもいっしょに味わいます。**

レスポンスしている対象は、話の内容ではなく、**相手の感情**です。

数年前、「これぞ話を聞くプロ！」と衝撃を受けたことがあります。

経営者の先輩に、銀座の高級クラブに連れて行ってもらったときのことです。

ホステスの方が、先輩の話を聞いているのですが、先輩が楽しそうなときは楽しそうに、真剣なときは真剣な顔で聞いています。何の話をしているかはわかりませんが、明らかにガラッと変わるのです。

まるでお店の照明を明るくしたり、暗くしたりしているのかと思うくらい雰囲気が変わります。**相手が話しているときの感情に反応して、聞くときの雰囲気を意図的に変えていたの**です。

さすがでした。かなりの高額のお店でしたが満員御礼でした。ずっと話したくなるレスポンス力の真髄を見た気がします。

時には話し手の感情が読み取りにくいケースもあると思います。相手が無表情で淡々と話すようなタイプの人の場合です。

そんなとき、私は次のようにズバリ聞きます。

「このお話、かなり詳しいですね？　お好きなのですか？」

「それは相当辛かったのではないですか？」

「この話はやめておきましょうか？」

感情がわかりづらい人も、感情がないわけではありません。感情の状態を聞いてあげると、「そうなんです」「辛いというより悲しかったです」「いえいえ、興味あります」と吐露してくれます。

相手の感情を100％汲み取ることは不可能でも、感情を汲み取ろうとすること自体はできます。聞き手の意思次第だからです。

相手の感情に合わせてレスポンスができることも、コミュニケーションにおける大切な才覚です。

聞き方がうまい人は、話の内容ではなく感情に反応する

3

思わず本音を話してしまう魔法のフレーズ

聞き方がうまい人は、「　　　　」をつけて本音を引き出す

日常生活で「相手が思っていることを知りたい……」、そんな場面はありませんか。

営業なら「お客様のお困りごとを知りたい……」、上司なら「部下の本当の悩みを知りたい……」、夫婦や恋人関係でも相手の気持ちが知りたいときはあると思います。

問題なのは、「人はそんなに簡単に本音を打ち明けない」ということです。

まだ関係性が希薄なのに、抱えている問題をペラペラ話してくれるお客様はいません。

部下がいつも上司に本音を語るとも限りません。

でも、本音を引き出せないと、相手との距離はなかなか縮まりません。

自然に本音を引き出すコツは「もしかして」（＝推測）**を使うこと**です。

よく、ドラマで、「もしかして、○○さんって好きな人がいるんじゃない？」と言われた相手が、「えっ、いないわよ！」と焦るシーンがありますよね。この場合、大抵います。いなければ「いない」と冷静に答えるでしょう。

何が言いたいかというと、**「人は推測されると反応したくなる」**ということです。

当社の研修先で、いつも細身のスーツがビシッと決まっている男性がいました。あまりにも体型がシュッとしているので、その方に、
「もしかして体重50キロ台じゃないですか？」
と聞きました。すると、
「いやいや、こうみえて65キロあるんです」
と答えてくれたのです。

人は推測されると、いとも簡単に体重まで話してしまうのです。

これは一例ですが、心理学でいうところの「認知的不協和」というものです。

認知的不協和とは、**「自身の認知と別の矛盾する認知を抱えると、人は不快を感じ、その不快を解消したくなる」**という心理です。

間違えをそのまま放置しておくのは、気持ち悪いということですね。

だから、保険の営業の方が見込み顧客に、「〇〇さん、もしかして保険のこと相当詳しくないですか？」と聞くと、「いや、そんなでもないです」とか「実はあまりよくわかっていなくて」と本音を吐露してくれます。

それが聞ければ、「そうなんですね。では、詳しく説明していきますね」と営業に入ることができます。

もし、「はい、詳しいです」なら、玄人用のマニアックな説明をしてあげればいいのです。

いずれにせよ、推測すると相手の本音が出てきます。

問題なのは、本当のことを知らずに、自分のペースでずかずか話してしまうことです。

部下に、「職場で困っていることない？」と聞いても本音は出てこないでしょう。

そこで、こう聞いてみます。

「もしかして、今たくさん業務を抱えていて結構しんどくない？」

「〇〇企画の件、もしかして進め方がわからなくて手が止まってない？」

そうしたら、「そうなんです。実は……」と本音を話してくれるかもしれません。

もし「いいえ」なら、「大変そうだったからそんな気がしてさ。何かあったら声かけてね」とひと言付け加えてあげればいいのです。すると、「実は……」と、ここでようやく本音が出てくるかもしれません。

「もしかして」は、本音を的中させることが目的ではありません。目的は、**一つの推測をテーブルに乗せて、相手が本音を語りやすくする**ことです。だから間違えていてもいいのです。

本音を吐露してくれれば、お互いの距離が近づきます。相手をサポートできることが増え、相手も喜びます。こうして互いの関係を温めるからこそ、共に戦えるのです。推測し、相手の本音を汲み取ることで、ぜひ強固な関係性をつくってください。

聞き方がうまい人は、「もしかして」をつけて本音を引き出す

4

相手をアクティブにする聞き方

聞き方がうまい人は、称賛し［　　］、繰り返し［　　］、感情を込め［　　］聞く

当社には100名の講師が所属しており、全国各地で受講生と1対1のカウンセリングを実施しています。所要時間は60分です。

この間、講師はほとんど受講生の話を聞いています。アドバイスもほぼしません。でも、カウンセリングが終わると不思議なことが起こります。

受講生から、「メチャメチャやる気が湧いてきました！」「やるべきことがハッキリ見えました！」「さっそく行動します！」と、強烈にアクティブな言葉をいただけるのです。

「話を聞いているだけで、なんでそんなことができるのですか？」とよく質問を受けますが、ただ漠然と聞いていてもこの言葉はもらえません。少し工夫が必要です。

その工夫が３つの**「ながら聞き」**です。

①称賛しながら聞く

「なんでそんなに詳しいのですか？」

「どうしてそんなに行動が速いのですか？」

「どうしたらそんなに深く考えられるのですか？」


このような聞き方をすると、相手は称賛されたと認識します。

「きれいですね」ではなく、「どうしたらその美しさをキープできるのですか？」と聞くような感じです。

第１章でもお伝えしましたが、人間は自分のことを話すときに「快楽ホルモン」のドーパミンを分泌すると言われています。称賛しながら話を聞くと、相手はさらに自分のことを話したくなります。

これが相手をアクティブにするスイッチになります。

②繰り返しながら聞く

A：「先週引越ししまして」

B：「えっ、引越しされたのですか？」

第2章でもお伝えした通り、相手の言ったことをそのまま繰り返すことを「オウム返し」と言います。これもただ繰り返すだけではありません。重要なのは、**「相手が繰り返してほしいところを繰り返す」**ことです。

例えば、「最近本当に忙しくて、全然本が読めていないです……」と言われたら、あなたならどこを繰り返しますか？

「最近忙しいのですね」でしょうか？　それとも「全然本が読めていないんですね」でしょうか？

正解は、「状況による」です。どこをキャッチするかは、相手の雰囲気、表情、言い方によって決まります。ポイントは、相手がどちらに触れてほしいと思っているかです。声のトーンが変わったり、表情に変化が表れたりするので、そこをキャッチしましょう。

人は共感してもらえると、嬉しさを感じます。嬉しさも相手をアクティブにするきっかけになります。

③ 感情を込めながら聞く

ビックリしたときは、「オォ〜！　＋　すごい出来事ですね」
感心したときは、「ハア〜　＋　相当深い話ですね」
共感するときは、「ホォ〜　＋　そういうことですね」
理解を示すときは、「ヘェ〜　＋　それは大変でしたね」

このように、感情を込めながら伝えると、相手は自分のことが分かち合えた気がして、**「決して自分は一人ではない」と認識します。**これは生きる上での原動力になります。

アクティブとは、積極的・能動的という意味です。それを生み出す**「ながら聞き」**。相手にものすごいパワーを与えます。ぜひ試してみてください。

聞き方がうまい人は、称賛しながら、繰り返しながら、感情を込めながら聞く

5

人が離れていく危険な親切

聞き方がうまい人は、アドバイスを［　　　］に変える

人が離れていく危険な聞き方を2つ紹介します。

① 人の話をスルーする

文字通り、相手の話を聞き流す、聞いているフリをする、無視する、そういった類いです。

② 人の話をブロックする

まだ全部話し終わっていないのに、「何が言いたいの」「そんなこと聞いていない」「いや、そうじゃなくて」と、相手の話をブロックして話させない状態です。

つまるところ、スルーもブロックも、相手の話を聞いていないということです。これは誰もがやってはいけないことだと認識していると思います。

そこで今回啓蒙したいのは、第三の危険な聞き方です。例えば、こんなケース。

Ａ：「進学すべきか、就職すべきか、悩んでいて……」

Ｂ：「まずはやりたいことを明確にすべきじゃないか」

Ｂさんのアドバイスは、もっともだと思いますが、なぜか相手の表情は浮かないことがあります。それは、相手はアドバイスよりも、まず話を聞いてほしいと思っているからです。

Ａ：「会議の発表がとても苦手で……」

Ｂ：「もっと自信を持っていいと思うよ。失敗は誰にでもあるから」

Ａ：「あぁ……はい……」

これも同じく、相談した人はまずは状況を聞いてほしいのです。

つまり、**迂闊にアドバイスすることも、相手の話を聞いていないことになります。**スルーやブロックと同じくです。これは意外と多くの人がやってしまう過ちです。

もちろん真剣に相談されればアドバイスするのは当然ですが、相手はアドバイスを求めていないことも多いのです。アドバイスしたくなる気持ちをグッと我慢できるかですね。

そんなときに使えるのが、**「ひとり言」**です。

「どうしたらいいですか？」

と聞かれたら、

「そうだなー、どうするのがいいかなー」

と、ひとり言のようにつぶやきます。

アドバイスをすることもなく、アドバイスを諦めたわけでもなく、「どうしたらいいと思う？」と逆質問するわけでもありません。**相手といっしょに考えようとしている**のです。

すると、きっと相手は、さらに胸の内を打ち明けてくれます。なぜなら、一人で抱えていた悩みをいっしょに考えてくれる人が現れたからです。心が解放されていろいろ話しだすでしょう。

「そうだなぁ……悩ましいね……」「私ならどうするかな……」と、相手といっしょにそのことを考える。それでもアドバイスを求められたら、「私だったらこうするかな」「こうするといいかもね」と、ここではじめてアドバイスします。

このくらい引いて相手の話を聞かないと、相手は「話を聞いてもらえなかった」という悪い印象だけを持ちます。せっかくよかれと思ってしたアドバイスも仇になります。「人の話を聞かずに一方的に価値観を押しつける人」と認識されることも。

アドバイスをしたくなったら、ボソッとひと言ひとり言を。一回ためをつくって、相手の話をじっくり聞く余裕を見せてください。そんな度量が大きい人のところへ、人は集まってきます。

聞き方がうまい人は、アドバイスを ひとり言 に変える

6

関係性を築く踏み込んだ会話

聞き方がうまい人は、踏み込む前に［　　　］を送る

雑談のような他愛もない話で盛り上がるのもいいですが、もう少し踏み込んだ話をしたいときもあります。恋愛であれば、相手のことをもっと深く知りたいとき。社内であれば、上司が部下のことをもっと理解したいときです。

でも、ストレートに聞いてしまうと、「警戒されそう……」「嫌われないだろうか……」「なんでそんなこと聞くのですかと反発されたら……」、そう考えて、聞くのをやめてしまうこともあります。

そんなときの妙薬、それは**「今から踏み込みますよ」とシグナルを送ることです。**

誰だって、いきなり踏み込んだことを聞かれるのは怖いです。だから、**最初に「シグナ**

ル」を送って衝撃を緩和させます。

シグナルは次のようなワード。

「少し伺ってもよろしいでしょうか？」
「聞いてみたいことがあるのですが……」

このあとに、「お仕事はどんなことをされているのですか？」「もしかして人前で話すお仕事をされていませんか？」といった質問をします。

突然「お仕事は何ですか？」と聞かれるより、「今から聞きますよ」というシグナルがあったほうが相手は心構えができます。

また、「聞いてみたいことがあるのですが……」のあとであれば、「どんな方が理想のタイプですか？」という質問もしやすくなります。

「なんだ、そんなことか」と思われたかもしれません。実はそんなことです。でも人間は自分が聞きたいことを思いついてしまうと、すぐに聞きたくなるのですね。聞かないと気持ちが悪いからシグナルなしで突然聞いてしまう。

職場でいうと、上司が部下に、「オイ、浮かない顔して。何かあったのか？」と、ストレートに聞くようなケースです。

これも、上司が「ちょっと気になることがあるんだけど」とシグナルを出せば、部下は、「何だろう？」と準備します。そのあとに、「表情が浮かないようだけど、何かあった？」と質問をするのです。

いきなり核心に迫るより、事前にシグナルを送るほうが部下は安心して答えやすくなります。

急に部下に、「君は10年後、どうなっていたいんだ？」なんて聞いても、答えにくいと思います。その場合は、次のように2段階でシグナルを送ります。

上司：「聞いてみたいことがあるんだけど、聞いていい？」＝シグナル1
部下：「え、なんですか？」
上司：「答えにくかったら遠慮なく言ってね」＝シグナル2
部下：「はい」
上司：「10年後、どんな風になっていたいと思う？」＝質問部下が答えられるかどうかはわかりません。しかし、**急に深いテーマについて質問されるより、事前にシグナルがあったほうが、相手への配慮が伝わります。**「答えづらい内容だから気を使ってくれているんだ」と。

だからこそ相手も、答えようというマインドが湧いてきます。

「こんなことを聞いてもいいか迷うけど」と言ったあとに、「じゃ、聞かないでください」と言われるケースは稀です。相手も気になります。気になるということは、相手も聞かれることを許容しているということです。だから踏み込んだ会話が可能になります。

ただの雑談だけの関係で終わるか、腹を割って話せる関係になるか。これは大きな境界線です。それを突破するのがちょっとしたシグナルです。

聞き方がうまい人は、踏み込む前に シグナル を送る

7

安心・安全な空間をセットアップする

聞き方がうまい人は、
人を笑わせるより□

いきなりですが質問です。
あなたは、人を笑わせることが多いですか？
それとも、人の話に笑うことが多いですか？

話にオチをつけたり、タイミングよくスッとうまいことを言って笑いに変えたり、何を言われても一瞬で切り返して笑いを生み出せる人は本当にすごいと思います。

でも、**聞き上手を目指すなら、後者の「人の話に笑う」が圧倒的に支持されます。**なぜなら、人間には「安全の欲求」があるからです。

私たちは、常に危険から身を守り、安全で安心した暮らしをしたいと願っています。そして人は、笑いに安全や安心を感じるのです。

例えば、お茶の間でテレビを見て爆笑している最中、いきなり口喧嘩をはじめる家族はいないと思います。友達と大笑いしながら「金返せー！」と口論する人もいないでしょう。あかちゃんが笑っているのを見たら、自然に笑みがこぼれます。

銃を突きつけられている状態では怖くて話せませんが、隣でニコニコされていたら、人は安心を感じて何か話したくなります。

人は安全・安心があると、心が解放され、言葉が出てくるのです。

笑顔や笑いを実際の会話で取り入れるには、以下の方法があります。

特別なことはありません。

〈会話の序盤〉

「○○さ〜ん！　お久しぶりです」と、会う前からすでに笑っている。

〈会話の最中〉

「おもしろい！」「おっかしい！」「ウケる！」「あー楽しい」など、言葉で笑いを表す。

〈会話が盛り上がってきたら〉

手を叩いて笑う、腹を抱えて笑う、体が波を打ったかのように笑うなど、動作で笑いを表す。

〈別れ際〉

「あー楽しかった！」「あんまり笑わせないでくださいよ〜」「また今度聞かせてくださいね」など、笑いのワードを残す。


楽しい気分を伝える表現方法は表情だけじゃなく、言葉、動作、いろいろあります。

ちなみに、「笑」という文字は、巫女《みこ》が両手を上げて舞っている姿、「人が踊っている様」を表す象形文字だそうです。由来を聞いただけで楽しくなりそうですよね。

もちろん生きていれば、おもしろいことばかりではありません。

でも、今は大変でも「この辛い出来事がどんなおもしろいことになっていくんだろう」と前向きに捉えることができれば、いつか「あのときは辛かったな〜」と笑いながら話せる日がきます。そんな心意気の人が増えたら、きっとおもしろい世界がやってくるに違いありません。

最後は、私の大好きな高杉晋作の歌で締めます。

「おもしろき こともなき世を おもしろく すみなすものは 心なりけり」

聞き方がうまい人は、人を笑わせるより 笑う

第9章まとめ

1 聞き方がうまい人は、興味ではなく**好奇心**を持つ

2 聞き方がうまい人は、話の内容ではなく**感情**に反応する

3 聞き方がうまい人は、「**もしかして**」をつけて本音を引き出す

4 聞き方がうまい人は、称賛し**ながら**、繰り返し**ながら**、感情を込め**ながら**聞く

5 聞き方がうまい人は、アドバイスを**ひとり言**に変える

6 聞き方がうまい人は、踏み込む前に**シグナル**を送る

7 聞き方がうまい人は、人を笑わせるより**笑う**

第10章

会話を引き出す「質問」

1

されると嬉しい最高の質問

質問がうまい人は、
相手の□に向けた質問をする

会話を引き出すとき、「良い質問」と「悪い質問」があります。

ひと言で言えば、**良い質問は「答えたくなる質問」**、**悪い質問は「答えづらい質問」**です。

自分の好きなこと、興味のあることを質問されたらいろいろ話したくなります。

逆に「笑えるような小話はありますか?」と質問されたらどうでしょう。答えづらいですよね。また、自分と関係ないことを延々と質問されても困ります。


会話を引き出すプロといえば、インタビュアー。

大変ありがたいことに、私はこれまでたくさんの雑誌や媒体から取材を受け、「ビジネスパーソンの話し方」についていろいろ伝えてきました。やはり毎日取材されている人は、話を引き出す質問が本当に上手で、予定時間が60分でも、90分くらい話してしまいます。

実は、人には「思わず答えたくなるツボ」があります。

それは**「内面」に向けた質問です。内面とは、「価値観」「考え方」「こだわり」「ポリシー」「動機」「背景」「センス」などを指します。**

例えば、「これまでどんな業界で働かれていたのですか？」という質問をしたとき、会話が引き出せない人はそこで質問が終わります。でも、会話が引き出せる人は、それに加え、「なぜ、その業界にチャレンジされたのですか？」と動機まで質問します。そこには、その人の価値観や考え方が眠っていることを知っているからです。

ネクタイがおしゃれな人に、「ブランド店で買われているのですか？」と質問するより、「素敵なネクタイですね！　ネクタイはその日のコンディションで変えたりしているのですか？」と、その人の独自のこだわりを質問するほうが会話は盛り上がります。

なぜなら、**内側に向けた質問は、その人にしか答えられない質問**だからです。「誰でもない、ぜひあなたのことを聞きたい」という、まさに相手の承認欲求を満たす質問です。だから相手は嬉しくなって答えたくなります。

部下に指摘するときも、部下が作成した企画がイマイチだったとき、「なんでこんな企画にしたの？」という質問は最悪です。部下の内面に向いていないからです。

内面に向いている質問は、「この企画にはどんな想いがあったの？」です。それに答えてもらったあとに指摘をすればいいのです。いきなり指摘したら、部下のやる気は奈落の底まで落ちます。

相手の内面に向けた質問は、次の3つのキーワードを使うとうまくいきます。

「どんな気持ちで？」
「どういう考えで？」
「どのようなきっかけで？」

本当にちょっとした質問の違いです。何か秘訣を知りたいとき、「どうしたらプレゼンがうまくなりますか？」と質問するのは、単刀直入でいいような気がしますが、実は「答えづらい質問」です。

良い質問は、

「どんな気持ちでいつもプレゼンをしていますか？」

「どういう考えでプレゼンを組み立てていますか？」

「どのようなきっかけでプレゼンがうまくなりましたか？」

といったものです。

これであれば自分の体験談を聞かれているので、質問されているほうは格段に答えやすくなります。

一流のコミュニケーターは、いつも相手のハートに向けて話しています。そして相手が話したくなる質問を常に開発しているのです。

質問がうまい人は、相手の内面に向けた質問をする

2

会話が広がる質問のボキャブラリー

質問がうまい人は、『　　言葉』を使ってさらに会話を引き出す

婚活中の方のコミュニケーションもよく指導させていただくのですが、お見合いで会話が広がらないケースは、「お仕事は何ですか？」「趣味は何ですか？」「出身はどこですか？」「休みの日は何を？」と、次の質問を考えることで頭がいっぱいのときです。

これでは話が広がりません。「どんな質問をしようか？」と考えているときは、相手の話に集中していません。すると相手は気づきます。「あ、聞いてない」と。

せっかく会話に火を灯そうと質問しているのに、逆にその場の空気を鎮火させてしまいます。

「質問を考えておかないと、話が途切れてしまったときに怖いし、沈黙したときにアタフタしてしまう……」、そういった怖さもあると思います。

でも実は、「次はこれを質問して……」「あれを質問して……」と、たくさん質問を考えなくても、相手の話にほんの少し言葉を足してあげるだけで、会話はみるみる広がります。

その役割を担うのが、**「つなぎ言葉」**です。

つなぎ言葉とは、文字通り、会話を次につなげるワードです。相手が話したあと、もうひと言追加します。

いくつか例をあげます。

順接：次につなげる言葉『**ということは**』

「ということは、○○ということですか？」

「ということは、今後は○○を目指しているのですか？」

深堀：きっかけを探る言葉『**どうして／なぜ**』

「○○が好きなのですね。どうして○○が好きになったのですか？」

「なぜ、○○に興味を持ったのですか？」

推進：話を進める言葉『それから／そこで』
「○○ですか！　それからどうなったのですか？」
「そこでどうしたのですか？」

具体：話を明確にする言葉『具体的には／例えば』
「えっ！　○○だったのですか！　具体的に何があったのですか？」
「例えばどういうことですか？」

転換：別の話に変える言葉『他には／ところで』
「○○だったんですね。他にはどんなことがあったのですか？」
「ところで、○○はしなかったのですか？」

対比：逆のものをあてる言葉『それって／それとも』
「それって○○とは違うのですか？」
「それとも○○でした？」

こうして、新規の質問を繰り出すのではなく、相手の話に乗っかる方法です。

質問のボキャブラリーとは、つなぎ言葉の豊富さでもあります。

話を広げるのがうまい人は、すばらしい質問をたくさん持っているのではなく、相手が気持ちよく話せるように道筋を整えています。

「自分がしたい質問」から、「相手が話したい質問」へ。

相手のために自分の基準を塗り替えることができる人が、豊かな会話と親密な関係を築けるのです。

質問がうまい人は、『つなぎ言葉』を使ってさらに会話を引き出す

3

なぜか答えたくなってしまう質問

質問がうまい人は、答えやすい［　　］をつくってから質問する

質問が大切といっても、「なぜ?」「どうして?」「いつ?」「誰が?」と、矢継ぎ早に質問すると、相手は問い詰められているような感覚になります。答える気力もなくなります。

思わず答えたくなる質問というのは、質問の中身よりも、質問の仕方に大きく左右されます。ポイントは、質問する前にどんなフリを入れるかです。

ここでは、簡単にできるものを3つ紹介します。

① 相手を承認してから質問する

「そんな○○さんに、ぜひ伺いたいのですが」

「〇〇さんだからこそ、ご教授いただきたいのですが」
「これは〇〇さんにしか、聞けないのですが」

このフレーズには**「他でもない、あなたの話を聞きたい」**というメッセージが含まれています。「誰でもいいのですが、とりあえず〇〇さんの意見を聞かせてください」というのと雲泥の差ですよね。

さらに**「〇〇さん」と名前を入れることで特別感が出てきます。**

人は求められると嬉しくなって答えたくなります。

②相手の行動に触れてから質問する

「〇〇さんは、絶対締切を守るじゃないですか。あれってやはりコツがあるんですか？」
「〇〇さんは、会議では誰よりも先に発言されますよね。それって訓練すればできるものですか？」
「〇〇さん、先ほど廊下に落ちていたゴミを拾われてましたよね。他の人は全然気づかなかったのに。やはり普段から意識されているんですか？」

具体的な行動をピックアップされると、ちゃんと見てくれているという感覚になります。

自分の行動を受けての質問なので、答える意義も出てきます。

私もよく取材を受けるときに、

「なぜビジネススクールを創業されたのですか？」

と聞かれるより、

「桐生さんはもともと人材派遣の会社にお勤めと伺いました。そのあとにボイストレーニングの会社に転職されて。そして今のビジネススクールを創業されたと。なぜビジネススクールを創業されたのですか？」

と質問されるほうが答えたくなります。具体的に調べてくれているので、質問に対しての熱量を感じます。それが答えたい気持ちを誘発させます。

③ 相手のハードルを下げてから質問する

「もしご意見がありましたら、お話しいただければ」

「なんとなくでも構いませんので」

「〇〇さんの主観で問題ありませんので」

いきなり「意見はないですか?」と質問されると、「正しいことを言わないと……」と構えてしまい、言葉に詰まります。

逆に、「もし」「なんとなく」「主観」といった**アバウトな言葉を差し込んでもらえると、正解を求められていないので、答えるハードルはグッと下がります。**

以上、3つの方法を紹介しました。

質問前に少し言葉を差し込むだけで、かなり雰囲気が変わりますよね。

質問がうまい人は、相手が答えやすいように環境設定に全力を注ぎます。一目置かれる人は、会話を引き出すポイントをよく知っているのです。

質問がうまい人は、
答えやすい状況をつくってから質問する

4

1回で100%ニーズを把握する

質問がうまい人は、『　　　質問』で全体を俯瞰する

上司やお客様からの依頼に対し、「指示通りにやったのに、不満そうな顔をされた……」

「一生懸命対応したのに、やり直しを依頼された……」という経験はありませんか？

なぜ、こういったことが起こるのか？

それは、相手が依頼をするときに、ニーズを全部話してくれるとは限らないからです。

例えば、上司から「山田商事様の接待は、コース料理でよろしく」と言われたとします。

「新宿の○○という店で、○○コースを、○○時～○○時まで予約して、値段はいくらで……」なんていちいち言いません。察してくれると思うからです。

でも、本来は聞かないとわからないことだらけです。だから、依頼を受けるときは質問

力が試されるのです。

あらかじめ、**的確に質問ができれば、1回で相手のニーズが把握できます。**そうすれば、やり直しも激減します。また、依頼に対してクオリティが高いアウトプットができるため、相手の満足度も上がります。

今回は1回で100%相手のニーズを把握する**「マンダラ質問」**を紹介します。

大谷翔平選手を怪物にしたと言われる目標設定シートが「マンダラチャート」です。マンダラチャートとは、曼荼羅《まんだら》模様のようなマス目にアイデアを記入していくことで、必要な項目の整理をしながら可視化していくものです。

相手のニーズを把握するときも、このマンダラチャートを使います。例として、「学習アプリの企画書を作成する」という依頼を受けるときの手順を説明します。

STEP①　9マスを書いて真ん中に「依頼内容」を書く

まず、依頼内容をヒアリングする準備です。

ノートなどに9マスをつくって、真ん中に依頼内容を書きましょう。

ＳＴＥＰ② 各マスに質問の項目名を書く

ヒアリングする項目名を書きます。

1段目は、それをやる「目的」、数値化した「目標」、そして「期日」。上段に本質的なものが並びます。

2段目に、「誰が」「誰に」提出するものかをハッキリさせます。

3段目には、具体的な内容を書きます。「ディテール」とは依頼内容の詳細、「リソース」とはお金や人員などの資源、「プライオリティ」は優先度です。どのくらい重要なのかをすり合わせておきます。

ＳＴＥＰ③ 相手に質問して埋めていく

実際にヒアリングしていきます。

マス内に書ききれない項目がある場合は、ノートの右ページ全体を使って内容を記載します。ノートに向かって左ページがマンダラ質問、右ページが補足を書くページです。

最初は、いちいちノートに9マスを引いたり、項目を書いたりするのが面倒だと思います。でも、これはハッキリ言えます。いつもやり直しを迫られる人は、全体が見えていません。全体が見えていないから確認事項が漏れます。

マンダラ質問を使えば、「何が質問できていないのか？」「どこがよくわからないのか？」「どの内容が薄いのか？」、これらが一発でわかります。

マンダラ質問で依頼の方向性を定め、内容を埋めていく。これが1回で100％ニーズを把握するセオリーです。

質問がうまい人は、『マンダラ質問』で全体を俯瞰する

目的 「通勤学習」という新しい教育スタイルの提案	**目標** 学習アプリを1000人に試験的に導入	**期日** 8/17（金）午前中
誰が 私が作成	**「学習アプリ」の企画書を作成する**	**誰に** 田中部長に提出
ディテール 1 コンテンツは必須 2 設計図の作成	**リソース** 1 初期費用350万 2 私の責任のもと3課で作成	**プライオリティ** 1 高水準 2 他案件と調整が必要な場合は部長に相談

5

潜在意識にアタックする質問

質問がうまい人は、
言葉を［　　］し、相手の能力を引き出す

人は、自分の弱さを知ってるわりに、自分の強さはわかってないものです。自分の悪いところは、すぐに目につきます。自己分析をするときも、たいがいの人は自分の強みより弱みのほうがたくさん出てきます。

だからこそ、相手の強みを炙り出してあげる「質問力」が問われます。

でも、「あなたの強みは何ですか？」なんてストレートに質問しても、きっと答えは返ってこないでしょう。そんなに簡単には答えられません。もっと、**相手の潜在意識にアタックする質問が必要**です。

潜在意識とは、まだ本人すら自覚していない意識です。

少し、当社の話をさせてください。

当社は年間2000回、伝わる話し方セミナーを開催していますが、この中でもっとも多くいただく相談が、「人前でうまく話せません」というものです。受講される方の8割は、人前で話すのが苦手です。人前に立つと言葉が出てこなかったり、言いたいことが飛んでしまったり、緊張される方がほとんどです。

そこで、私たちは最初に何を指導するか？

「落ち着いて話せる方法」「リラックスして話せる技術」「自信を持って話せる話法」ではありません。まずは「成功を定義」します。人前で話すにあたり、「何をもってうまく話せたとするか」です。これは人によって違います。

・一言一句間違えずに、正確に伝えることができたら成功
・プレゼンしたあとに、購入してもらえたら成功
・自己紹介したあとに、「名刺交換よろしいでしょうか？」と声をかけてもらえたら成功

成功を定義することによって、「そうか、たとえ緊張していたとしても、正確な情報さえ伝えられればそれで成功だ。正確に伝えることなら得意だ」と、自分の強みに気づくこと

があります。定義するからこそ、見えてくる世界があるのです。

転職の面接で、「あなたの強みはなんですか？」と聞かれてもうまく答えられないという受講生がいました。その受講生とのやりとりを紹介します。

私：「あなたが考える『強み』とは何でしょうか？」
受講生：「誰にも負けないところでしょうか？」
私：「そうですね。では、○○さんが、周りの人より意識してがんばっていることは何でしょうか？」
受講生：「相手に喜んでもらえること、ですかね……」
私：「すばらしい！　何か実施されていることはありますか？」
受講生：「えーと、まず自分から挨拶して、相手の話をよく聞くようにして……。そうそう、クレーム対応はかなり得意です」

このように、**言葉を「定義」すると、まるで相手の脳内をノックするかのように、「そういえば」**が出てくるのです。

「コミュニケーションとは互いを分かち合うこと」と定義したところ、「コミュニケーションは苦手だと思っていたけど、自分の好きなことを伝えたり、相手の好きなことを聞いたりすることは得意だ」と考えるようになり、積極的に会話ができるようになった受講生がいました。

「斬新とは、今あるものがもう一段階便利になること」と定義したところ、「そんなにダイナミックなことじゃなくても斬新と言えるんだ」と考えるようになり、500万円もするシステムを毎月5、6件も販売するようになった受講生もいました。

「幸せの定義が『ありがとう』が言えることなら、私はすでに十分幸せでした」という受講生も。

まさに、**「〇〇の定義は？」は、相手の価値観を開眼させる質問**です。

質問がうまい人は、
言葉を**定義**し、相手の能力を引き出す

6

心が通じ合う質問

質問がうまい人は、相手の気持ちを［　　］する

質問には大きく3つの種類があります。

①自分の知らないことを相手に問う「自分のための質問」
②相手のニーズや可能性を引き出す「相手のための質問」
③今回お伝えする**「自分と相手をつなぐための質問」**

突然ですが、相手と距離が一番近づくときはどんなときでしょうか？

結論としては、心が通じ合ったときではないでしょうか。言ってみれば、「同じ想いを共有したとき」です。

よく、困難を共にした友がその先もずっと親友だったり、いっしょに怖い体験をすると、そのあと急に仲良くなったりします。それは同じ想いを共有したからに他なりません。

質問によっても、相手と同じ想いを共有することが可能です。それは相手の「気持ち」を代弁する質問を使うことです。

「寒くないですか？　部屋の温度上げましょうか？」
「朝から打ち合わせ続きだったので、お疲れではないですか？」
「緊急の電話が入ったりして、ゆっくりお休みできなかったのでは？」

これらは何気ない質問ですが、相手の気持ちを代弁する質問です。相手は「自分の気持ちを察してくれている」と感じるので、これだけでも心の距離は縮まります。

知る人ぞ知るカウンセリング界の巨匠カール・ロジャーズは、自身が提唱した積極的傾聴（Active Listening）の第一の原則として**「共感的理解」**をあげています。

共感的理解とは、相手の立場に立って、共に感じながら理解しようとする姿勢です。相手の気持ちを代弁するのも共感です。共感が自分と相手をつなぐ架け橋になります。

もう少し難易度を上げてみましょう。先ほどのものが初級編であれば、今度は中級編です。

「本当はあまり気乗りしないのではないですか？」
「ひょっとして言いづらいことがあるのではないですか？」
「本来はもっとやりたいことがあるのでは？」

いかがでしょう。「寒い」「暑い」「疲れている」「元気だ」みたいに、見てすぐにわかりそうなものと違って、これは相手のことを深く観察しないとできない質問です。

表情はいつも通りでも、少し視線が沈んでいたり、声のトーンに覇気がなかったり、顔の角度が若干斜めになっていたり、こうった**非言語をキャッチする**必要があります。

さらに相手の気持ちを代弁する上級編。
それは人前で話すときです。名スピーカーは、人前で話すときも質問を使って聴衆の気持ちを代弁し、心を通じ合わせます。これを**「一人質問」**と呼んでいます。

「こんなのがあったら嬉しいな〜って思いません？」
「1回くらいこういう経験ありますよね？」
「こんなことがあったらショックですよね？」

このように、直接聞き手に答えてもらうわけではないのですが、聞き手の心の声を代弁する質問を投げかけて、話し手と聞き手の心の距離を接近させます。

質問には、自分のため、相手のため、そして今回お伝えした自分と相手をつなぐための質問があります。

互いの関係性を強化すべく、今回紹介した相手の気持ちを代弁する質問を積極的に取り入れてみてください。

質問がうまい人は、相手の気持ちを代弁する

7

一番大事な究極の質問

質問がうまい人は、
自分の□に問いかける

人間は1日にたくさんの質問を自分に投げかけています。

「今日は何時に自宅を出ようかな？」

「何時の電車に乗れば間に合うかな？」

「お昼は何を食べようかな？」

自分の頭の中で、自分に質問して、自分で答えています。ケンブリッジ大学バーバラ・サハキアン教授の研究によると、人は1日に最大3万5000回もの決断をしているそうです。


そして大事なことは、**私たちは「質問したことに答えてしまう」**という習性を持つということです。

思い出してみてください。

小さい頃はどんなものにも「あれなーにー？」って質問して、答えてもらうことで、知識を増やしてきました。学校のテストでは、「1＋1は何ですか？」と質問され、それに答える教育を受けてきました。

普段の生活でも、相手に質問して答えてもらったり、相手から質問されて答えたりして、コミュニケーションを取っています。

つまり、**私たちは「質問→答える」が習慣化されている**のです。

仮に、「週末は何しようかな？」と頭の中で考えたとしましょう。

友達とどこかに出かける、自宅で映画を観る、ジムに行って汗を流すなど、何かしら答えを見つけ出そうとしますよね。何もすることがない……それもまた答えです。

これ、「週末は何しよう？」くらいの質問ならいいですが、

「どうして自分には才能がないのだろう？」

「なぜ自分だけうまくいかないのだろう？」

こういった質問を自分に投げかけていたとしたら……。

脳は必死になって、それに答えようとします。そして、「遺伝だからしかたがない」「周りが協力してくれないから」のような答えを返していきます。質問されたら答える、が定めだからです。

では、次のような質問をしたらどうでしょう。

「どうしたら才能を磨くことができるか？」

「どうしたら才能がなくてもうまくいくか？」

これもまた、脳は必死で答えを出そうとします。

その場ではパッと答えが思いつかなくても、「新しいことにチャレンジしてみよう」「あ！隣の部署の○○さんに相談してみよう！」みたいに、あとから答えが降ってくる場合もあります。意識すると情報が入ってくるからです。

どんな質問を自分に投げかけるかで、出てくる答えが大きく変わるのです。

困難にぶつかったとき、「何で私ばかり？」と質問している人は、そこで立往生することになります。「どうしたら突破できるか？」と質問している人は、きっと解決策を見つけて前に進みます。「誰に助けてもらうといいか？」と質問する人は、意中の人を発見するでしょう。

「どんな人間で在りたいか？」、こう質問する人は、きっと思考の先に理想の自分を見つけます。

「どんな人間にはなりたくないか？」と質問する人には、やってはいけないことがハッキリ見えてきます。

本来、悩めるというのはすばらしいことです。希望を捨てていない証拠です。だからすばらしい答えを導く、**すばらしい質問を自分に投げかけてほしい**のです。

私は確信しています。自分に投げかける質問のクオリティで、人生のクオリティが決まると。

質問がうまい人は、自分の「心」に問いかける

第10章まとめ

1 質問がうまい人は、相手の内面に向けた質問をする

2 質問がうまい人は、『つなぎ言葉』を使ってさらに会話を引き出す

3 質問がうまい人は、答えやすい状況をつくってから質問する

4 質問がうまい人は、『マンダラ質問』で全体を俯瞰する

5 質問がうまい人は、言葉を定義し、相手の能力を引き出す

6 質問がうまい人は、相手の気持ちを代弁する

7 質問がうまい人は、自分の心に問いかける

おわりに

話すことが苦手なすべての人に

私は会話が苦手で、相当苦労したタイプの人間です。それを克服すべく、20代の頃、いろんな本を読みあさりました。

買った本には、「笑顔で話しかけましょう」「相手に興味を持ちましょう」「結論から話しましょう」といろいろ書いてありました。

でも、

「緊張して話しかけられないときはどうしたらいいの？」

「興味を持てというけど、興味が持てないときは？」

「結論がわからないときは？」

これが私の正直な気持ちでした。

セミナーに参加したときは、「言いたいことがあるときは、まずは相手の意見を受けとめてから」と言われました。

でも、「受けとめたあと、どうすればいいの？」とモヤモヤが残りました。

会話で困るといっても、内容は人それぞれ。

「私の場合はどうしたらいいの？　それに答えてくれる辞書のようなものがあれば……」

本気でそう思っていました。

それから約20年。

話し方を研究し、会話下手を克服した私は、かつての自分のように会話で悩んでいる人のお役に立ちたいと思い、10年前に「伝わる話し方」を専門としたビジネススクールを立ち上げました。そして満を持して、会話で困ったときの辞書を開発することになりました。

それが本書です。

20年前の自分の期待を、まさか自分が叶えるとは……。なんとも不思議なご縁ですが、人一倍会話で困ってきた私だからこそ、会話でお困りの方の支援ができる本がつくれたと思います。

会話がうまくなる唯一の方法は、実際に会話をすることです。それがなければ何を学んでも誰とも話せません。だからこそ、少しでも行動しやすいように、各カテゴリー別に大切なエッセンスだけを凝縮しました。

何か行動すれば、失敗もあります。
しかし、そこからしか得られない世界があります。
だから少しでも前を見てチャレンジしてほしい。
本書にはそんな想いが込められています。

地位も名誉もあの世には持っていけません。でも、あなたの言葉はきっと誰かの心に残ります。
ぜひ、あなたの会話が、誰かの人生を豊かにし、そしてその幸せが後世にも続くよう心から願っております。

「事を為し、未来につなぐ」

株式会社モチベーション&コミュニケーション 代表取締役 桐生 稔

書籍購入特典のご案内

「また会いたい」と言われる人の

会話スキル MOVIE プレゼント

この度は「話し方すべて」をご購入いただき、誠にありがとうございます。感謝を込めてプレゼントがあります。本書では、会話の始め方、広げ方、盛り上げ方などをふんだんにお伝えしました。これだけでも十分楽しい会話ができて、深い人間関係が構築できると思います。ただ、「また会いたい」と思われるようになるには、もう一つピースが必要です。それが会話の**終わらせ方**です。どんな会話で終わると相手の印象に残るか？また相手から声をかけてもらえるか？ここにも明確な心理学があります。それをお伝えすべく、**また会いたいと思われる会話の終わらせ方「3 つのメソッド」MOVIE** をお届けします。きっと、仕事の依頼が来たり、食事のお誘いがきたり、声をかけられることが増えるはずです。ぜひ、下記 QR コードを読み取ってください。モチベーション＆コミュニケーションスクール専用 LINE から特典動画を送付させていただきます。

< QR コードを読み取って特典 MOVIE を受けとる >

モチベーション＆コミュニケーションスクール　ID：@phl8684g

【研修・講演・取材のお問合せ】

株式会社モチベーション＆コミュニケーション 代表取締役 桐生 稔

〒 163-0649 東京都新宿区西新宿 1 丁目 25-1 新宿センタービル 49 階

TEL：03-6384-0231

MAIL: info@motivation-communication.com

お問合せはコチラ

https://www.motivation-communication.com/media/

【著者紹介】

桐生 稔（きりゅう・みのる）

◉――株式会社モチベーション＆コミュニケーション代表取締役、日本能力開発推進協会メンタル心理カウンセラー、日本能力開発推進協会上級心理カウンセラー、一般社団法人日本声診断協会音声心理士

◉――1978年生まれ。新潟県十日町市出身。2002年、大手人材派遣会社に入社。営業成績がドベで新卒3カ月で左遷されるが、そこから一念発起し、全国で売上達成率No.1を獲得。その後、音楽スクールに転職し、事業部長を務める。

◉――2017年、社会人の伝わる話し方を向上すべく、株式会社モチベーション＆コミュニケーションを設立。全国40都道府県で年間2,000回、伝わる話し方セミナー・研修を開催。セミナーや研修では、60分に20回以上笑いが起き、会場が盛り上がり、最後には衝撃的な感動が走る「心震わすメソッド」をお届けしている。

◉――具体的で分かりやすいメソッドは評判を呼び、日本経済新聞、プレジデント、東洋経済ONLINE、Yahoo! ニュース等に掲載される。テレビ朝日『マッドマックスTV論破王』ではディベートの審査員も務める。

◉――著書に、『雑談の一流、二流、三流』『説明の一流、二流、三流』（共に明日香出版社）、『「30秒で伝える」全技術「端的に話す」を完璧にマスターする会話の思考法』（KADOKAWA）、『緊張しない「最初のひと言」大全』（Clover出版）、『話し方の正解』（かんき出版）などがある。

話《はな》し方《かた》すべて

2023年７月20日　第１刷発行
2023年11月24日　第３刷発行

著　者――桐生　稔
発行者――齊藤　龍男
発行所――株式会社かんき出版
東京都千代田区麴町4-1-4 西脇ビル　〒102-0083
電話　営業部：03(3262)8011㈹　編集部：03(3262)8012㈹
FAX　03(3234)4421　振替　00100-2-62304
https://kanki-pub.co.jp/

印刷所――ベクトル印刷株式会社

ISBN978-4-7612-7683-6 C0030